EL CONCEPTO
FIT-NANCIERO
DESPIERTA TU MEJOR VERSIÓN FÍSICA Y FINANCIERA

Dedicado a aquellas personas que quieran comenzar a cambiar sus vidas. A aquellas personas que no se conforman con lo que les toca, y deciden escribir su propio futuro. A aquellas personas que quieran desarrollar sus ideas y coger las riendas de su destino.

Dedicado a mi hermana Miryan y a mi hermano Sergio, de los cuales siento un enorme orgullo y, sin saberlo, han contribuido en gran medida a que este libro sea posible.

Dedicado a mis amigos, que son pocos, pero sé que puedo contar con ellos para las que sean y me han demostrado estar ahí en los momentos buenos y no tan buenos.

Dedicado a quienes quieran dar un primer paso para cambiarlo todo. A los curiosos que les va la marcha. A ti.

PRÓLOGO

Fit-nanciero.... Un término ingenioso cuanto menos, ¿verdad? También hemos de decir que, además de ser ingenioso, no podemos estar más de acuerdo con lo que significa. El término que ha acuñado Óscar para unificar la parte física y mental de nuestra salud, con la parte financiera es sencillamente brillante.

Solo puedo decirte que nuestra filosofía encaja perfectamente con esta forma de pensar. Como descubrirás más adelante si todavía no nos conoces, nosotros, Richard y Diego, somos expertos en finanzas e inversión, y nos dedicamos a formar a personas en este ámbito. Pero, cierto es que no podemos tratar este apartado sin tener en cuenta la salud física y mental. Suponemos que ya sabes que en la vida de toda persona hay una serie de pilares fundamentales sobre los que sustentamos nuestra felicidad. Pues bien, es necesario mantener cierto equilibrio en estas bases fundamentales para no afectar al resto de los componentes.

Si descuidas demasiado alguno de estos pilares, puedo asegurarte que no podrás alcanzar la excelencia en el resto, ya que las preocupaciones que te generará la inconformidad en ese pilar te imposibilitará centrarte en mejorar el resto.

Como imaginarás, la mentalidad y nuestro estado físico, es decir nuestra salud física y mental, son dos pilares básicos dentro de este equilibrio necesario, al igual que nuestra situación financiera. Tam-

bién es cierto, como descubrirás a continuación en este magnífico libro, que están bastante relacionados, por lo que es más que recomendable tratarlos de forma conjunta para mejorar paralelamente en estos ámbitos.

Y si algo te podemos garantizar es que Óscar ha crecido exponencialmente en todas estas áreas desde que lo conocemos hace ya unos años, por lo que sabe de lo que habla.

Estamos seguros de que su visión y experiencia te ayudarán a darte cuenta de aquellas cosas que no tenías lo suficientemente en cuenta, y que ahora te permitirán dar un gran salto de calidad en tu vida.

¡No te entretenemos más! Disfruta de la lectura y, sobre todo, como siempre decimos, no te quedes solo con el conocimiento teórico. Es necesario que des un paso hacia la acción e implementes todos los consejos que vas a descubrir y que te van a permitir gozar de una mejor salud Fit-nanciera.

Diego Gracia y Richard Gracia, autores del *bestseller* más vendido en Amazon: El Método Rico

CONTENIDO

INTRODUCCIÓN

En primer lugar, me gustaría ponerte en contexto acerca de qué encontrarás en las próximas páginas.

El principal objetivo del libro es transmitirte la idea de que si haces siempre lo mismo no obtendrás resultados distintos.

A lo largo de la lectura, aprenderás las bases para construir una vida más saludable mediante la inversión más importante que puedas hacer en tu vida: La inversión en ti mismo.

A través de ejemplos de mi día a día, tablas de ejercicios, tips de finanzas personales o *plannings* semanales para una dieta saludable, te introduciré en lo que yo llamo el concepto Fit-Nanciero.

Con el aprendizaje del concepto Fit-Nanciero mejorarás tu calidad de vida entendiendo de manera armoniosa tus finanzas personales y tu estado físico-mental, trabajándolos al unísono.

Ahora sí, dejémonos de historias y...

¡Que empiece el desafío!

Procrastinar: Hecho de aplazar alguna acción, situación o actividad sustituyéndola por otra menos importante por miedo o pereza a afrontarla.

Si alguna vez has experimentado este concepto, te diré que al terminar este libro no volverás a dejar las cosas para otro momento y perseguirás tus objetivos sin fallar ni un solo paso. Te ayudaré a alcanzar lo que aquí denominaremos *tu mejor estado Fit-Nanciero*, que es aquel que conjuga un crecimiento simultáneo entre tu salud financiera y tu salud física y mental haciendo que trabajes en cada uno de estos aspectos de manera más enfocada y consciente.

Si para ti es importante estar bien físicamente, es decir, quieres alcanzar un mejor estado físico y no sabes cómo empezar, o bien has empezado y no tienes motivación para continuar, este es el libro indicado. Si al mismo tiempo quieres que tus finanzas estén más saneadas, quieres poder llegar a fin de mes sacándole más brillo a tu situación financiera, este es tu libro. Si en tu trabajo no estás bien y quieres empezar esa idea emprendedora que no dejas de darle vueltas, este es tu libro. Si por el contrario te gustaría avanzar en tu trabajo y no sabes cómo, este es el libro indicado para ti.

A través del nuevo concepto, *el concepto Fit-Nanciero*, abordaremos estos temas que pueden llegar a preocuparte en tu día a día y que no sabes cómo mejorar u optimizar. Y lo mejor de todo: lo trataremos todo al mismo tiempo.

Antes de meternos en materia me gustaría hacerte unas preguntas para que tú mismo sepas dónde te encuentras.

¿Sabes cuál es tu índice de masa corporal? Para calcularlo tendrás que seguir la siguiente la fórmula:

$$IMC = \frac{Peso\ (kg)}{Altura^2\ (metros)}$$

Divide tu peso en Kilogramos entre tu altura al cuadrado. Si pesas 80 kg y mides 1,80 metros tendrás que dividir 80 entre 3,24 (1,80x1,80)

Si tu resultado es más de 25 tienes que ponerte en marcha, sobre todo si llevas una vida sedentaria y una alimentación no muy saludable. Este índice es genérico, nos fijaremos en él si tú mismo sabes que tu ritmo de vida es sedentario y tu alimentación no es muy saludable.

¿Sabes qué es y cuál es tu colchón de seguridad? El colchón de seguridad es aquel montante de dinero que necesitas tener siempre para estar preparado ante cualquier imprevisto. Este dinero debe estar siempre disponible y se calcula en función de tus gastos fijos. Para tener un buen colchón de seguridad es necesario que calcules tus gastos fijos, es decir, aquellos gastos indispensables para vivir, de los cuales no puedas prescindir, y luego sumarlos. Cuando los tengas localizados y sepas cuánto gastas al mes, multiplícalo por 6 si tienes un trabajo estable y de larga duración o por 8 si tu trabajo es más reciente y no muy estable. Por ejemplo, si tus gastos mensuales indispensables ascienden a 500€, multiplicaremos esta cantidad por 6 u 8 meses y obtendremos nuestro colchón de seguridad: 3000€ o 4000€ en cada caso. Aquí es aconsejable que no supere los 6000€ o 7000€ debido a que la inflación va a restarte valor.

¿Tienes definida tu estrategia para alcanzar alguno de estos dos índices? Si la respuesta es sí, enhorabuena porque vas por el buen camino; si es no, enhorabuena también porque tienes entre las manos el libro adecuado para lograr alcanzar cualquier objetivo que tengas en mente.

¿Estás contento con tu actual trabajo? ¿Te gustaría escalar posiciones en él? Si la respuesta es afirmativa, ¿estás haciendo algo para ello? O, por el contrario, ¿no te sientes cómodo o estás viendo que necesitas pasar al siguiente nivel y empezar tu camino emprendedor? Aquí veremos cómo.

Lo que he intentado hacer con estas preguntas sencillas es resumir cuáles son los temas que trataremos más adelante. También he intentado hacerte ver en qué peldaño te encuentras de la escalera Fit-Nanciera. A partir de ahora, si en las fórmulas anteriores no hemos obtenido buenos resultados, necesitarás trabajar en ellos por lo que serán tus primeras metas para cumplir.

Para tener una buena salud Fit-Nanciera, te enseñaré a trabajar estos aspectos anteriormente mencionados y trataré los 3 bloques que para mí son los más influyentes en nuestro día a día: el trabajo por cuenta ajena; el trabajo por cuenta propia; y la condición físico-mental.

Veremos que es igual de importante la preocupación por tu salud financiera que por tu salud físico-mental, por lo que gracias a lo que he denominado el método Fit-Nanciero aprenderás a organizar estos dos bloques importantes de manera conjunta.

Este término que he acuñado ha sido formado por la mezcla de la palabra *fitness* y la palabra *financiera,* ya que como apasionado de las finanzas y del deporte veo en ambos aspectos una relación muy estrecha. Curiosamente, bajo mi punto de vista ambas se gestionan de la misma manera, algo que irás viendo a lo largo de la lectura.

Ser ahorrador no quiere decir que tengas que vivir en la inmundicia, utilizando únicamente mantas en casa para resguardarte del frío porque no quieres encender una estufa para calentarte con el objetivo de no gastar dinero, ya que esto saldría de nuestra idea de relacionarnos con el dinero. Es cierto que la mejor manera de ahorrar es no gastar, pero también es cierto que hay que saber en qué podemos gastar sin perder calidad de vida y en qué podemos no gastar para garantizarnos esa calidad de vida. Es de vital importancia que sepas qué es un colchón de seguridad si quieres alcanzar la cima Fit-Nanciera, al igual que debes saber cuántas calorías necesitas para perder peso porque son términos que perfectamente pueden ir de la mano.

En este primer bloque introductorio hablaremos de la importancia del colchón financiero.

Para entenderlo en mayor profundidad, un colchón financiero es, como su nombre indica, un colchón de seguridad que servirá de amortiguador, para las caídas financieras que puedan venir. Es imprescindible que cuentes con este colchón de seguridad, por lo que si aún no lo tienes deberías establecer una meta para alcanzarlo. Este colchón debería estar formado de entre 6 y 8 meses de tus gastos fijos, es decir, que si tus gastos fijos mensuales ascienden a 600€, tu colchón de seguridad tendría que ser de entre 3600€ y 4800€ dependiendo de tu situación laboral, por ejemplo, si tienes un empleo estable en el que llevas un tiempo con un contrato indefinido podrás estar más cerca de los 3600€ que si, por el contrario, te encuentras en un trabajo en el que llevas poco tiempo. Sería más recomendable que estuvieras planeando estar más cerca de los 4800€. Este colchón será exclusivamente usado para emergencias por lo que tendrá que ser muy líquido y disponible en cualquier momento que lo necesites. Una vez que hayas abordado este colchón y entiendas que es una estrategia prioritaria, recuerda su techo. Intenta no sobrepasar los 6 o 7 mil euros ya que, de lo contrario, estarás perdiendo poder adquisitivo por culpa de la inflación. Una vez alcanzado este punto empezarás a construir el nivel 2 o la estrategia número 2 que será la inversión. No debes dejarte asustar por esta palabra. Invertir es necesario para poder luchar contra ese agente corrosivo como es la inflación. En esta parte buscaremos algo muy poco volátil, lo más estable posible para ir construyendo el medio plazo. Por último, para el largo plazo iremos estableciendo cantidades pequeñas pero constantes, mensuales a ser posible, con un poco más de riesgo y estableciendo un objetivo claro, como por ejemplo la jubilación.

Existen personas que están en contra de las típicas huchas de toda la vida: lo que se conoce en Extremadura como "el guarrino". En mi caso, desde mi niñez fue mi abuela paterna quien me inculcó la importancia del ahorro en este tipo de huchas. Era ella la que el día de la festividad de Reyes del 6 de enero me regalaba un cerdito y, con él, la idea o el objetivo de tenerlo lleno de monedas para el siguiente 6 de enero, un año después. Me tomaba muy en serio ese objetivo, me lo grababa a fuego de tal manera que comenzaba a meter monedas el mismo día. ¡Gracias a esto, en un año conseguí una fortuna! Sí, una fortuna en conocimiento y rutina, ya que, sin darme cuenta estaba generando en mí el hábito del ahorro que hoy en día tengo asumido y que agradezco. El dinero que sacaba de ahí, al cabo de un año, no era, obviamente, una fortuna, aunque sí era una buena cantidad para un niño de 7 u 8 años. Con ese dinero que sacaba durante ese año podía comprar los regalos de reyes de mi hermana, mi madre y mis abuelos. Está claro que el objetivo de ahorrar y crear hábito de ahorro estaba cumplido, pero no el de qué hacer con ese dinero. ¿Qué hubiese pasado si en lugar de gastar ese dinero hubiera seguido ahorrando hasta hoy? ¿Y si lo hubiera invertido? Mejor que gastarlo, ¿no? Hubiera alcanzado una buena suma hoy en día. Gracias por ejemplo al interés compuesto que, según Einstein, es la octava maravilla del mundo.

A partir del momento que creas un hábito tu mente lo automatiza y lo entiende como un "hábito obligado". Se vuelve automático y no te das cuenta de que lo estás haciendo, hasta tal punto que el día que no lo haces sientes que te falta algo, sientes que te estás fallando a ti mismo. ¿Entonces, cómo podemos hacer de una tarea un hábito saludable? Un hábito saludable, como por ejemplo beber un generoso vaso de agua en ayunas, ayuda a mantener la elasticidad de la piel, previene el envejecimiento, limpia toxinas, etc. Si automatizamos esta simple acción y la repetimos durante todos los días del año, obtendremos resultados positivos con total seguridad y nuestro cuerpo lo agradecerá.

Lo mismo ocurre con la salud de nuestras finanzas, si diariamente guardamos 1€ en una lata que no tenga fácil apertura durante un año, 365 días, no es complicado adivinar cuánto obtendremos al final de ese periodo.

Con estos dos simples ejemplos saludables, tanto físico como económico, quiero dar a entender la magnitud de la fuerza de un pequeño hábito que se repite, es decir en qué se puede llegar a convertir. Tomas A. Edison lo simplifica diciendo: "El genio es 1% de inspiración y 99% sudor". Necesitas esa fuerza propia que haga que ocurra eso que deseas.

¿Cómo podemos conseguir esto? Estableciendo un objetivo. No existe competición donde no haya una meta y es por llegar primero por lo que los corredores o los competidores luchan. En este caso la competición es contigo mismo por lo que lo tienes más fácil: te conoces, sabes tus fortalezas, tus debilidades, lo que te gusta, lo que no te gusta, conoces tu personalidad, es una lucha contigo mismo. Escribe, diseña un objetivo, calcula cuánto tiempo tardarás en conseguirlo, sé realista tanto con el propio objetivo como con el tiempo que necesitas para alcanzarlo, revísalo cada cierto tiempo y, sobre todo y lo más importante: ¡no falles, sé constante y, yo mismo te garantizo que, de esta manera, lograrás cualquier cosa que te propongas, prometido!

Lo mismo ocurre con tu estado físico ¿Ya te has preguntado por qué fracasas en tu intento por llevar a cabo una dieta saludable? ¿Te has parado a pensar por qué fracasas no ahorrando lo que deberías mes a mes? Quizás sí te lo hayas preguntado, pero también estoy seguro de que no te has parado a pensar en la razón de por qué esto ocurre. La palabra "fracaso" puede parecer dura, pero si buscas la palabra en el diccionario se lee: "Tener un resultado adverso en una idea que se esperaba que sucediese bien", y yo voy más allá ya que añadiría que un fracaso se alcanza cuando tras obtener un resultado adverso abandonas el objetivo inicial.

La idea de hacer dieta para bajar de peso y sentirte mejor físicamente o simplemente porque te apetezca, está bien, y seguro que si te has marcado una meta de perder peso o bien ahorrar 150€ al mes y lo has conseguido, te habrás sentido fantástico contigo mismo, pero has llegado a un punto que has dejado de hacerlo, que has abandonado el proceso. En ocasiones se produce el efecto rebote y tanto en la fase de hacer dieta como en la fase de ahorrar, se vuelve al punto de partida: se recuperan esos kilos que tanto esfuerzo físico te ha costado perder, así como en el ahorro vuelves a gastarlo después de un tiempo esforzándote económicamente evitando ciertos gastos innecesarios. En cualquier caso, has fracasado en la idea original, ya que, no has conseguido mantenerlo en el tiempo y ¿por qué sucede esto? pues lo tienes ahí mismo: no has revisado el plan y no has vuelto a establecer nuevos objetivos. ¡Hay que renovarse!

Tanto en el aspecto físico como en las finanzas personales es importante diseñar una meta para tener claro dónde queremos ir. Si estableciste un objetivo de ahorro para una determinada meta, lo lograste, pero al gastarte ese ahorro volviste al punto de partida. Sí, sé lo que estás pensando: si mi objetivo es comprarme el nuevo Smartphone de última generación recién salido al mercado y he estado ahorrando durante meses para conseguirlo, se podría decir que cuándo consigo alcanzar dicho valor ya he cumplido con el objetivo principal, ¿no? Pues perdona, pero no, este no será el camino para alcanzar el máximo nivel Fit-Nanciero. ¿Ya tienes tu colchón financiero de seguridad?

Si tu objetivo es el ahorro para comprar un teléfono de último modelo no estás siendo realista, a no ser que tu situación financiera sea propicia para comprar 20 teléfonos de este tipo. Si no es así, este teléfono no lo has comprado por necesidad, sino que quizás lo has comprado para ponerlo encima de la mesa mientras cenas con tus amigos y estos te admiren o tengan una determinada idea sobre ti. O, puede ser aún peor: si has pedido un crédito para poder conseguirlo, entonces sí te diría que lo canceles urgentemente en cuanto puedas ahorrar para ello.

Si tu forma de vida se ajusta más a este perfil y te sientes cómodo haciendo esto, lo siento, pero este libro no es para ti por lo que te recomiendo que lo cierres y lo utilices como calzador de alguna mesa o mueble que tengas por casa; si por el contrario quieres aprender un poco sobre cómo mejorar tu situación física y financiera alcanzando el máximo estatus Fit-Nanciero, ponte cómodo que aún queda mucho viaje.

Como ya habrás podido comprobar a estas alturas del libro hablamos de cómo mejorarnos a nosotros mismos en el más extenso sentido de la expresión, pero para ello necesitaré de tu ayuda, de tu predisposición y un poco de disciplina. Hablaremos de técnicas saludables de ahorro y físicas; técnicas para mejorar las finanzas, así como técnicas de mejora profesional, además de brindarte algunos ejemplos personales de hábitos que yo he llevado a cabo para alcanzar mis objetivos.

Al inicio del libro vimos el significado del término PRO-CRASTINACIÓN. ¿Recuerdas su significado? Básicamente es el arte de dejar para otro momento lo que puedes hacer ¡ya! Seguro que has procrastinado alguna vez, ¿no? "Comienzo la dieta el lunes"; "En enero me apunto al gimnasio"; "El mes que viene empiezo ahorrar"; "Cuando salga el sol empiezo a correr". Estás procrastinando, estás posponiendo el comienzo de algo cuando perfectamente podrías empezar ahora o programarlo para el día siguiente, como máximo. Y también sabes que llegará el lunes, llegará enero, llegará el buen tiempo y no empezarás la dieta, no ahorrarás y no saldrás a correr.

También se puede dar el caso que te engañes a ti mismo diciéndote que te "falta motivación". Perdona que te diga que al principio la motivación no existe. Al inicio de cualquier actividad nueva existe la ilusión sobrealimentada de tu fuerza de voluntad y una vez que estés metido en el objetivo, con el foco puesto y consiguiendo cada meta, vendrá la motivación para darte ese plus que necesitas. La motivación llega tras los primeros resultados positivos.

En algunos casos, de manera indeseable, es necesario un detonante para poder empezar a tomar medidas de acción. Hablamos de personas que, en el mejor de los casos, necesitan que el médico les diga que tienen que empezar a cuidarse ya que el colesterol está descontrolado, la tensión por las nubes, etc. También hay personas que necesitan ver sus cuentas en negativo para empezar a ver la importancia de ahorrar para tener un colchón de seguridad. En muchas ocasiones ya es demasiado tarde o grave para solucionarlo por lo que habría que recurrir a un profesional. Aquí estamos para evitarlo.

Como ejemplo personal puedo dejar aquí una vivencia que me ocurrió meses antes de la pandemia que nos obligó a parar por completo quedándonos confinados en casa. Una de mis aficiones más fuertes es cantar flamenco. Se puede decir que compagino mi trabajo con esto. Soy "cantaor" amateur de flamenco. Pues bien, durante una de mis actuaciones por los pueblos de Extremadura sentí que algo no iba bien en mí. Ya subido en el escenario, cuando comencé a cantar, percibí que me faltaba el aire y tenía gran dificultad al respirar. Hasta ese día, mi ritmo de vida había sido muy estresante y hacía verdaderamente poco deporte debido a que ese alto ritmo de vida me agotaba física y mentalmente.

A esto le añadimos un consumo de alcohol inadecuado (pero no exagerado) y una mala alimentación (comida rápida), lo cual hizo inevitable que aquel día sobre el escenario me costara esfuerzo respirar y sentía que me faltaba el aire. A duras penas, conseguí acabar la actuación y cuando me bajé de las tablas me temblaban las piernas y el corazón latía como si se fuera a salir del pecho. El diagnóstico tras salir de urgencia esa misma noche fue una elevada crisis de ansiedad. Como de toda situación mala hay que sacar algo positivo, un par de meses después de lo acontecido vino la pandemia, y con ella la obligación de paralizar todo.

Con esta anécdota quiero dar a entender que mi cuerpo tuvo que darme una señal para que me diese cuenta de que algo no iba bien, ya que, no era capaz de percibirlo por mí mismo. Mi cuerpo me dijo que necesitaba un cambio de vida o bien una reorganización de mis rutinas diarias eliminando algunas que no me estaban funcionando y añadiendo otras que me vendrían mejor. Por aquel entonces tenía 27 años, una jornada laboral muy alargada de la que salía diariamente a las 8 de la tarde, además de dos días a la semana en los que hacía más de una hora de viaje para ensayar las actuaciones por lo que comía cualquier cosa en el coche, llegaba tarde a casa, no descansaba, etc. Los fines de semana actuaba, por lo que también llegaba muy tarde a casa. El domingo, me levantaba a deshoras sin ganas de cocinar, comía cualquier cosa rápida para procrastinar el tiempo que me quedaba de domingo.

Este cúmulo de malos hábitos se tradujo en una crisis de ansiedad. A partir de ese día se produjo un "click" en mi cabeza que hizo enfocarme más en mí de lo que había estado haciendo hasta ese entonces. Pocos meses después, como ya he dicho, todo se vio obligado a parar por culpa de ese maldito virus que nos llenó de miedo e incertidumbre.

A partir de ese momento comencé a formarme de manera autónoma y a investigar sobre alimentación, deporte y estilo de vida. Por aquel entonces pesaba unos 76 kg (midiendo 1,72), me encontraba bloqueado mentalmente, pagando un alquiler y dándole poca importancia a las finanzas, ahorrando, pero sin un sentido claro, sin ninguna meta y siendo poco constante. Aprovechando que estaba prácticamente prohibido (por la pandemia) salir a la calle comencé a entrenar en casa diariamente, al principio con mucho esfuerzo, sin ritmo y con poco aguante, hasta que fui consiguiendo el hábito, poco a poco. Comencé a aplicar lo que iba aprendiendo sobre alimentación saludable y deporte, hasta que los resultados fueron haciéndose visibles. Esa visibilad la notas tú mismo mirándote al espejo, así como observando que, las personas que te conocen, te van notando distinto físicamente y te lo hacen saber. La motivación de verme cada día mejor fue el combustible que me hizo no abandonar. Comencé a dormir mejor, a pensar con claridad, a estar despejado, a afrontar los problemas del día a día y las situaciones de estrés en el trabajo con positividad, y a tener la cabeza despejada.

Tienes que tener en claro que es el hábito diario el que solidificará el castillo de tu esfuerzo. Quejarte constantemente acerca de lo poco que ganas, de la cantidad de horas que trabajas, de que no tienes motivación para continuar con la dieta, de que no llegas a fin de mes, etc., no te valdrá de nada, solo te permitirá desahogarte momentáneamente, ya que, después de hacerlo, volverás a tener los problemas encima. ¡Pasa a la acción!

Como he comentado anteriormente, el libro está dividido en lo que para mí son los 3 grandes bloques que más influyen en la vida de una persona. Nos guiaremos a través de ellos para abordar el desarrollo persona. Son esos tres bloques los que formarán tu estado Fit-Nanciero.

PRIMER BLOQUE

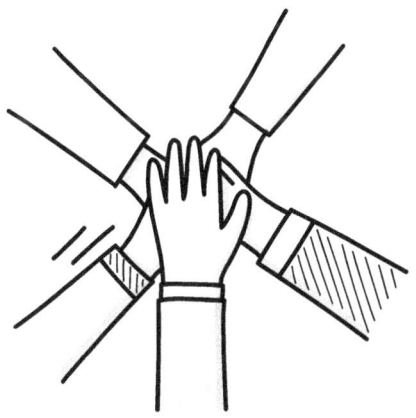

LA INFLUENCIA INDISPENSABLE DE UN TRABAJO

"Con la monotonía no se sufre,
pero sin el riesgo no se crece"

ANXO PEREZ

L o mismo te encuentres en la etapa inicial de cualquier empleo, o si es que llevas 20 años en el mismo, este trabajo te va a influir o te está influyendo en ser quién eres. Con esto me refiero a que, inevitablemente, sin importar la duración, un trabajo te marcará de manera positiva, aunque pienses lo contrario: te haya ido mal o bien siempre aprenderás una lección por lo que, el simple hecho de haber aprendido ya es una consecuencia positiva.

Pues bien, la importancia que le doy al hecho de conservar tu trabajo, querer aspirar a más dentro de la organización, establecer relaciones, generar rutina, etc., es vital para tu desarrollo personal.

Sí es cierto que, a veces, tanto el ambiente interno como externo de la empresa en la que trabajes no es el que te gustaría o, simplemente, no es el adecuado para ti; o incluso tu jefe no sea la persona a la que más aprecio tengas en el mundo; o puedes tener un compañero al que desearías dejar de ver de una vez por todas. No siempre esto es eterno, ya que, en cualquier momento puedes cambiarlo. Exprésate con tu compañero, cuéntale a tu superior que estás pasando un mal momento en la compañía e incluso, si tienes la oportunidad, lo mejor es hablarlo directamente con tu jefe, estoy seguro de que este estaría encantado de oírte y saber qué es lo que te está pasando. En esta situación entenderás que o bien a tu jefe le importas un pimiento y ni siquiera te escuche, con lo cual deberías plantearte si continuar en la empresa o no; o, por el contrario, te llevarás la grata sorpresa de que tu jefe te escuche, te entienda y te ayude buscando una solución. Muchas veces perdemos más por miedo que por intentarlo, o hacemos las cosas mal sin saberlo porque, en primer lugar, no hemos logrado comunicarnos.

Si, por el contrario, la mala racha persiste, tus compañeros no te entienden, a tu jefe no le importas lo más mínimo, el ambiente de trabajo es tóxico y esto se repite durante meses, es momento de buscar otras opciones.

Personalmente, le doy mucho valor al hecho de conservar tu empleo, a querer ser el mejor en tu puesto (sin tener que perjudicar a nadie para ello), a ir escalando dentro de la empresa en la que trabajas, (siempre por tus propios méritos) ya que, es muy gratificante tanto a nivel personal como profesional. Estar trabajando día a día, mes a mes, año a año y odiar a tus jefes o a tus compañeros cada minuto que pasas en la empresa y fuera de ella, es vivir con un rencor que no necesitas. Es una losa que te está cegando a la hora de dar tu máximo dentro de la empresa y te impide escalar.

Según la ley de atracción si tu emites energía positiva, atraerás energía positiva. Con esto quiero decirte que, si eres una persona proactiva, que quieres aspirar a más de manera positiva, ve por el bien global y busca crecer a medida que la empresa crece, te aseguro y te doy mi palabra de que obtendrás una recompensa por este comportamiento. Esto es innegable, el esfuerzo continuo se premia con resultados positivos. Solo tienes que saber esperar y, sobre todo, no desistir.

Por otro lado, el pensamiento erróneo que a veces nos nubla nuestro día a día y hace que mentalmente nos quememos y nos desmotivemos es el de pensar de la siguiente manera: todo el esfuerzo que estoy haciendo, todas las horas que estoy empleando para desarrollar esta actividad, los quebraderos de cabeza, etc., ¿para qué? ¡Si mi jefe no lo va a valorar! ¡Mi jefe no me lo va a reconocer! Pues directamente no lo hago o no me entrego lo suficiente, no doy mi cien por cien. ¡Error! Esta manera de pensar hace que pierdas el interés por tu trabajo e impide que te desarrolles, con lo que hace que trabajes como el burro que da vueltas en una noria sin ninguna meta, sin ningún objetivo. La manera correcta de pensar sería: me voy a emplear a fondo, voy a dar lo mejor de mí porque, de esta tarea, voy a aprender personalmente y me ayudará a crecer profesionalmente. Independientemente de la edad que tengas es innegable que el mundo es una jungla de competencia. Es tal la preparación y la profesionalidad que las personas tienen hoy en día que el entorno laboral se vuelve un entorno muy competitivo por lo que tú mismo tienes que pensar en crecer, querer aprender más, querer aprender de otros, etc.

Lo que verdaderamente importa es el aumento progresivo de tu capacidad y querer ser mejor cada día incrementando tu valor.

El hecho de que para mí sea importante que una persona esté a gusto y ame su trabajo es por la sencilla razón de que las empresas y el empleado se necesitan mutuamente y la inmensa mayoría de personas dan sus primeros pasos profesionales de la mano de una empresa, es decir, como trabajadores por cuenta ajena y será la experiencia que más los marque el resto de su vida. Una persona siempre recordará la primera empresa en la que trabajó y en la que se retiró.

Un factor importante a tener en cuenta para darle importancia a tu trabajo es el salario. Obviamente nadie trabaja gratis por amor a su trabajo, sino que se hace a cambio de una remuneración.

En numerosas ocasiones has pensado que no ganas lo suficiente con lo cual no llegas a fin de mes, no te puedes dar el capricho que querías, etc. Entras en ese círculo negativo de "no llego a fin de mes, mi salario es muy bajo, la culpa la tiene mi jefe, no me valora, esta empresa no me merece, estoy desmotivado, etc.". Te ha pasado, ¿no?

Quizás tu jefe no tenga toda la culpa en esta situación. ¿Sabes cuánto paga una empresa por un trabajador aparte de su salario? ¿Te has parado a ver tu nómina y has observado lo que el Estado te está reteniendo mes a mes? Supuestamente esta retención en tu salario que tú no estás cobrando va directo a una bolsa de pensiones que hará que el día de mañana puedas disfrutar de una jubilación decente. Seguro que habrás oído decir a los expertos que esta hucha de las pensiones está deteriorada y que, en un futuro, dentro de no muchos años, no habrá dinero como para que nos puedan ofrecer una remuneración decente cuando lleguemos a la edad de dejar de trabajar, es decir, existe el riesgo de quedarnos sin nada en nuestra jubilación. ¿Sigues pensando que la culpa de todo esto la tiene tu jefe? De media, en España, se retiene entre un 18% y un 22% de tu salario, supuestamente para que contribuyas con esa cantidad, más la cantidad que ya ha pagado la empresa por ti, para que el día de mañana puedas disfrutar de una pensión digna y, según los entendidos en economía, es muy probable que no tengamos ni un solo euro para ese momento. ¿No te parece increíble?

Con esto, cabe decir que es un hecho obligado el pensar en el ahorro personal, el ahorro privado para el día de mañana como complemento a tu jubilación.

Lo más importante de este bloque, trabajar por cuenta ajena, es especialmente el hecho de tener una nómina mensual para poder ahorrar y conseguir el objetivo mínimo del fondo de emergencias mientras nos vamos formando, añadiendo valor a nuestro sistema.

Cuando se habla de ahorro a muchos les entra la risa sarcástica y piensan: ¿Ahorrar? ¿Qué es eso? ¿Cómo puedo conseguir ahorrar algo con lo poco que gano? ¿Cómo puedo ahorrar algo si a lo poco que gano le sumo lo mucho que pago? Muchas veces se nos hace cuesta arriba el ahorro e incluso nos puede llegar a frustrar, pero quiero decirte que a partir del momento que leas este libro abrirás una puerta al mundo desconocido del ahorro y la inversión; la inversión en ti mismo que es la más importante que existe.

Para ello lo único que necesitas es poner un poco de tu parte. Ha llegado el momento de ponerse serios y trabajar para lograr objetivos y, más adelante, te enseñaré técnicas de ahorro y libros recomendados para ello. Es decir, pinceladas para que puedas seguir formándote y si te interesa poder entrar más en profundidad en este mundo tan fantástico de la economía personal.

A pesar de mi juventud he pasado por varias etapas en mi vida y lo que aún me queda por vivir, y en cada una de ellas he tenido la sensación de que o bien remaba fuerte o bien me llevaba la corriente. Me refiero a ese sentimiento de estar esforzándote mucho pero no ver el resultado, o el que ves no es tal y como lo habías idealizado. En ese instante tienes dos opciones: o continúas luchando o te rindes. Sinceramente, rendirte es el camino fácil y sería fallarte a ti mismo, por lo que te propongo una cosa: en lugar de rendirte, ¿no es mejor modificar el método? Si los resultados no llegan, quizás sea porque no estés utilizando el método adecuado, con lo cual al cambiarlo no pierdes nada.

En esta vida es necesario que exista un motivo para todo lo que hacemos, un por qué: haces deporte porque quieres sentirte bien; ahorras porque no quieres pasar apuros económicos en un futuro; haces dieta porque quieres bajar algunos kilos que te sobran. Siempre hay un por qué para cada meta que elijas, entonces en el momento que se te pase por la cabeza abandonar, tienes que hacerte la siguiente pregunta: ¿Por qué estoy haciendo lo que me propuse hacer? ¿Cuál fue el motivo que me impulsó a hacerlo? La respuesta a estas preguntas será la solución para no abandonar. Es en ese momento cuando tu mente te recordará dónde quieres llegar.

En mi caso nunca pensé en abandonar. Como he comentado anteriormente, alterno mi vida entre trabajar de lunes a viernes y actuar los fines de semana. Las actuaciones las preparo y ensayo durante la semana para llegar en perfectas condiciones y cuando en lugar de actuaciones participo en algún concurso flamenco, también. En las actuaciones uno puede estar más, digamos, "a tu aire", cantas lo que realmente te sale del corazón o lo que veas que al público le va apeteciendo, sin embargo, en los concursos hay que ceñirse a unas bases, a unas "leyes" impuestas por los organizadores.

Aunque no esté muy de acuerdo en la práctica de los concursos de flamenco o de música en general, ya que, pienso que la música está hecha para compartir y no para competir, a veces, es necesario desde el punto de vista de la exigencia. En estos concursos en los que hay que cantar un determinado estilo de cante, debes preparar esos cantes, esas letras, e ir con esa preparación a la actuación. Ganes o pierdas, la preparación de esos estilos ya se queda para ti y, sobre todo, si antes no los conocías o nunca los habías cantado.

Como decía, a pesar de no estar muy enfocado en los concursos sí me he presentado a algunos y de los pocos que he hecho, al menos, el 90 por ciento he conseguido estar entre los 3 primeros. Y esto es gracias a no desistir.

Lo que antes comentaba de no rendirse incluso cuando las cosas no salen como uno quiere es la máxima para convertirse en la mejor versión de uno mismo. Las derrotas te hacen fuerte, te hacen aprender, te hacen madurar y hacen que te exijas más y en la vida pasa exactamente lo mismo. Siempre tendrás que dar tu máximo.

Un trabajo te dará la seguridad financiera de que todos los meses tendrás ingresado el dinero que pactaste el día que entraste a trabajar o incluso más. Es importante saber que si solo piensas en este montante que "nunca falla" a final de mes dejarás de pensar que necesitas esforzarte y eso hará que no alcances tu mejor versión, tu versión más altamente Fit-Nanciera.

Cierto es que cuando recibes tu nómina todos los meses entras en ese estado de comenzar a gastar, sobre todo al principio, porque sí, sin motivo, porque te lo mereces y a medida que el mes se va acabando vas cortando en gastos y con suerte si sobra algo, lo ahorras. Es muy aceptable el pensar que, tras haber trabajado duro, puedas gastar el dinero que has ganado en caprichos o en cualquiera que sea el disfrute personal de cada uno. Pero, también te preocupa el hecho de no llegar a fin de mes, el hecho de trabajar mucho para no poder gastarlo en lo que quieres y, sobre todo, que no ahorres lo suficiente.

Este es el dilema de la inmensa mayoría de personas: ¿ahorrar o disfrutar del dinero que gano y lo que sobre lo ahorro? Déjame decirte que, con organización, disciplina y sobre todo con un cambio de mentalidad podrás hacer ambas cosas: disfrutar de tu dinero, que para eso lo ganas, y ahorrar para tu colchón financiero.

¿Recuerdas cuando hablábamos de no desistir del objetivo, aunque aparezcan obstáculos en medio? ¿Recuerdas que dijimos que los obstáculos nos hacían fuertes? Piensa ahora en una situación dura que hayas vivido e intenta obtener un aprendizaje de ella. En serio, deja de leer, mira hacia arriba y piénsalo. Cuando lo tengas localizado y hayas visto en qué has aprendido, seguro que se te viene a la cabeza que, en aquellos momentos, el tiempo no pasaba, pensabas sinceramente que no lograrías afrontar aquella situación. Pues bien, mírate ahora, lo lograste. Por este motivo te invito a que hagas una reflexión: Si pudieras retroceder y sentarte al lado de ti mismo en aquellos duros momentos, ¿que te dirías? Si supieses lo que sabes ahora. Seguro que te dirías que todo va a salir bien y que vamos a salir de esta. Pues bien, ahora hazlo al contrario: si sientes que estás atravesando un duro momento o simplemente te encuentras pasando por algún problema, viaja mentalmente al futuro e intenta sentarte contigo mismo. Tu "yo" futuro tiene que intentar convencerte de que todo pasa y que seguro que el problema se solucionará.

Ahora continuemos…

Es en este momento cuando necesitaré de tu fortaleza, la misma que te ha hecho aprender de esas situaciones de más exigencia, esas situaciones menos buenas.

Continuando donde lo dejamos, te estarás aun preguntando: ¿Cómo narices voy a ahorrar con todo lo que hay que pagar? Sencillo, solo necesitas organizar tus finanzas, establecer un objetivo a corto, medio y largo plazo, e ir estableciendo metas.

Un salario mensual, nos hace estar mentalmente descansados a la hora de tener que ir a buscar el dinero por lo que debemos aprovechar que no tenemos que "buscarlo" para sí al menos gestionarlo de la mejor manera para combatir los problemas financieros que nos surjan. En este primer punto te sugiero que tengas localizadas las deudas sobre todo las "deudas chicas": créditos personales, el pago a plazos del sofá, del coche, etc. Estas deudas serán piedras en el camino que tendremos durante nuestro viaje a la cumbre Fit-Nanciera. Los llamados *gastos hormiga*, que, sin hacer ruido, hacen que no lleguemos a final de mes y no entendamos el por qué.

Nos centraremos en eliminar estas deudas, las tendremos en el punto de mira, ya que son las que nos están quitando poder adquisitivo y, por lo tanto, impidiendo poder ahorrar o poder gastarlo en otras cosas más productivas que nos aporten valor. Este será tu objetivo de ahorro número uno con lo que harás un ahorro paralelo con el objetivo de deshacerse de la "deuda chica". Las "deudas grandes" como son las hipotecas, por ejemplo, bastará con revisarlas e intentar cuadrar un tipo de interés más bajo o mejores condiciones con el banco, ya que en ningún momento estarás obligado a permanecer con tu banco el número de años que dure la hipoteca.

Este será un primer objetivo, costoso, ya que requiere de esfuerzo por tu parte, pero ¿conoces otro método para acabar con esta deuda que te está matando financieramente? Considera este como uno de tus primeros retos Fit-Nancieros. Cuando hayas establecido un importe mensual para liquidar esa deuda lo podrás amortizar anualmente, es decir, si decides destinar 50€ mensuales a finiquitar la "deuda chica" al cabo de un año podrás acortar 600€ a dicha deuda. Recuerda que lo importante es quitársela cuanto antes para poder destinar ese dinero a TI mismo.

Con este objetivo en mente queda pensar, en cada caso, qué cantidad establecer para no asfixiarnos y que estemos cómodos.

Aquí es importante pensar en el largo plazo (entre 3-6 años) y no desistir ya que al final lo que cuenta es la perseverancia.

Existe una regla para organizar tus finanzas que, personalmente utilizo, que es la regla del 50-30-20. Esto es que de tu salario mensual destines el 50% a tus gastos fijos, gastos imprescindibles como los impuestos, los suministros, el teléfono, seguros, la comunidad, la hipoteca, etc. El 30% lo destinas a tu ocio, a lo que te haga feliz, a lo que te divierta. Por último, el 20% restante será ahorro e inversión. Con un ingreso mensual de, por ejemplo, 1000€, los primeros 500€ irían para el gasto fijo, gasto imprescindible; unos 300€ serán para caprichos y unos 200€ irán destinados al ahorro/inversión. Dentro de estas partidas, podrías prescindir por ejemplo de 50€ de ocio y 50€ de ahorro para ir creando un apartado de 100€ al mes que irán destinado a esa "deuda chica" a la que le habremos quitado 1200€ al año.

Una vez que tengamos claro esto, pensaremos qué cantidad ahorrar. Lo recomendado es una cantidad que nos permita hacer nuestra vida con normalidad. Para ello hay que pensar en un pazo de más de 10 años, dar prioridad a ello, no tener prisa y ser constantes. Si no te importa gastarte 50€ en un restaurante o una noche de fiesta, tampoco te tiene que importar destinar esos 50€ a tu ahorro con el objetivo de crear ese fondo de emergencia futuro para el día de mañana.

A continuación, tras recibir la nómina mensual vas a pagarte a ti mismo. ¡Sí, a ti! Por eso has estado trabajando durante todo el mes, ¿no? También tienes derecho a recibir un salario de tu salario. Esto se conoce como el pre-ahorro, es decir, pagarte a ti mismo primero. No esperes a ahorrar lo que te sobra de mes porque de esta manera no te sobrará nada y acabarás otro mes sin haber con-

seguido ahorrar 1€. Al igual que elegimos una cantidad para desti-
narla al pago de la "deuda chica", destina una cantidad al pre-ahorro que guardarás al empezar el mes en una cuenta aparte. Hoy en
día cualquier Banco dispone de una APP que nos permite crear
subcuentas gratuitas dentro de la cuenta principal (a veces llama-
das cuentas metas) y, a su vez, ocultarlas para no caer en la ten-
tación de traspasar dinero a tu cuenta habitual o hacer retiradas.
Lo recomendado es que esta cuenta no tenga una tarjeta asociada.
Este pre-ahorro irá destinado a tu cuenta de emergencias. Con esto
iremos saneando y mejorando nuestro sistema Fit-Nanciero.

Terminando este apartado de la importancia de un trabajo
inicial entendido como trabajo por cuenta ajena donde se recibe
una nómina al final de mes, ya has aprendido a usar el término
Fit-Nanciero, has aprendido lo que es el pre-ahorro, has visto la
importancia de deshacerse de la deuda chica, has aprendido el
valor de mirar a largo plazo y la importancia de la organización.
Muchas cosas, ¿no? Pues déjame decirte que lo mejor aún está por
llegar.

SEGUNDO BLOQUE

DESARROLLO PERSONAL: EL EMPRENDEDOR QUE HAY EN TI

"La mitad de lo que separa a los emprendedores exitosos de los que no lo son es la perseverancia"

STEVE JOBS

En el bloque anterior vimos que para trabajar por cuenta ajena (asalariado) necesitábamos una serie de normas propias para manejarlo de la forma más inteligente posible y con esto me refiero a llevarlo de tal manera que el trabajo no se convierta en un lastre para nosotros o un martirio diario, sino una experiencia enriquecedora donde aprender lo máximo.

Dicho esto, me gustaría resaltar aquí lo que el diccionario dice sobre la palabra "emprender": Acto de comenzar una obra, un negocio, un empeño, especialmente si encierran dificultad o peligro. Efectivamente, en el momento que comenzamos a querer generar nuestra riqueza por nuestros propios medios tenemos que saber que existe un riesgo o una dificultad, ¡faltaría más! Hasta cuando somos nosotros quienes llevamos un vaso de agua desde la cocina al salón existe un riesgo, una dificultad o un peligro. Esta dificultad deja de ser peligrosa cuando lo tenemos planeado y automatizado en nuestro cerebro. Pues con el mundo emprendedor pasa exactamente lo mismo, el riesgo inicial se transformará en cotidiano en el momento que lo tengamos asumido, estudiado y automatizado. A partir de aquí está en nosotros mismos gestionar esto.

Hace unos años Robert Kiyosaki, autor del libro *Padre rico, padre pobre*, entre otros, definió muy bien un término para dar ejemplo de conducta de cualquier persona común. Se refería al estado que experimenta una persona como si de una rata encerrada se tratara, al que llamó "la carrera de la rata", lo cual básicamente se resume en trabajar para cobrar, pagar deudas, no llegar a fin de mes y desear que empiece el mes siguiente para cobrar, para poder pagar las deudas y que, con un poco de suerte a final de mes, nos quede algo en la cartera. Un círculo vicioso que la sociedad nos empuja a seguir por norma. Estudia una buena carrera para conseguir un buen trabajo para poder comprarte una casa, casarte, tener hijos, pagar tu hipoteca, pagar tu coche, el colegio de los niños y, si sobra algo, puedes tomarte una cerveza con tus amigos. Seguro que alguna vez te han hecho creer que este estilo de vida seguro es la norma que hay que seguir en la vida. Como si cualquier cosa que esté fuera de ese círculo sea peligrosa y muy arriesgada.

Dentro de esta carrera, en algún momento te das cuenta de que, si continuas así, no saldrás jamás de esa noria, por lo que decides hacer algo diferente: Emprendes. Retomas ese instrumento que dejaste de tocar y empiezas a dar clases, te encantan las matemáticas y empiezas a dar clases de apoyo, eres bueno como DJ y comienzas a brindar tu servicio para pasar música en discotecas o celebraciones; se te dan bien los animales de compañía y te ofreces como cuidador/a de mascotas; aprovechas que sabes idiomas y te publicitas como traductor de textos o conversación. Un largo etcétera de posibilidades de lo que puedes hacer para monetizar tus habilidades.

La idea de trabajar para una empresa (tener una nómina y aprender de tu puesto de trabajo) siempre está bien y nunca diré lo contrario, pero el hecho de que tus ingresos solamente provengan de una sola fuente como una nómina mensual es lo que intentaré demostrar como algo peligroso, en cierto modo.

La mente humana es un mecanismo complejo de analizar y que funciona por estímulos. Cuando tenemos un trabajo donde todos los meses cobramos una cantidad más o menos fija, nuestra mente tiende a relajarse. Aquí se me viene a la mente un ejemplo que seguramente te resulte familiar:

Tras detectarse los primeros casos de COVID-19, en España no nos creíamos que aquello fuese a llegar a mayores. A partir de finales de febrero de 2020 ya vimos que la cosa iba en serio y el virus se expandía a alta velocidad. Fue en marzo del mismo año cuando se decretó el estado de alarma y la obligatoriedad de quedarnos en casa. Desde ese momento, la economía paró en seco ya que la actividad económica se redujo a servicios mínimos y fundamentales (prácticamente sanidad y alimentación). Numerosas empresas y trabajadores autónomos, que trabajaban de forma independiente, se vieron obligados a cerrar, bloqueando así la entrada de dinero, aunque los pagos seguían su curso normal: créditos, préstamos, facturas etc. Debido al descenso de la actividad de estos meses, en abril y mayo comenzamos a ver las primeras dificultades de pago por parte de empresas y familias. Mucha gente se quedó sin entrada de dinero en sus casas, ya que las empresas no podían hacer frente al pago de las nóminas mientras que las hipotecas, créditos y facturas de suministros había que pagarlas igualmente. Todos vimos personas atravesando problemas económicos serios, tanto en sus casas como en sus negocios. La gran mayoría dependía de una sola fuente de ingresos que fue la que se cortó durante el confinamiento. Gente en bancarrota en un lapso de 3 o 4 meses.

Este es el ejemplo más reciente que he encontrado, aunque existen muchos más, ya que, como hablábamos antes, la mente de las personas tiende a relajarse cuando sienten la sensación de comodidad. Pensamos que todo irá bien siempre y nos olvidamos de las cosas básicas, como por ejemplo de tener un fondo de emergencia. Nos olvidamos de la importancia del ahorro, la importancia de nuestra salud y descuidamos nuestro sistema Fit-Nanciero. Estamos acomodados y no sabemos reaccionar ante imprevistos o, mejor dicho, no tenemos las herramientas necesarias para hacer frente a un imprevisto.

Independientemente de la edad que tengas nunca es tarde para invertir en ti mismo y, por supuesto, jamás será tarde para emprender.

Si estás buscando la manera o el apoyo de comenzar a hacerlo, espero que este sea el libro indicado que te haga sacar lo mejor de ti. Lo único que no aceptaremos aquí son excusas. Necesito que pongas un poquito de tu parte y que te esfuerces.

Históricamente, el sistema educativo ha sido creado para formar buenos empleados y no buenos emprendedores. Una persona sale de la escuela, va al instituto, se especializa en algo; o va a la Universidad se especializa en algo y al acabar está preparado para un trabajo. Digamos que han creado un empleado más, con lo cual, enhorabuena si tienes una mentalidad que no se conforma con la peligrosa seguridad de una nómina o de una sola entrada de dinero.

Debes desarrollar esa idea que tienes en la cabeza, y cuanto antes empieces a darle forma, más rápido te darás cuenta de si estás preparado para ello o no, así como la viabilidad de esta. Para ello necesitarás papel y bolígrafo para ir dándole forma al plan (pero no ahora).

Para alcanzar esa meta, como he comentado anteriormente, necesito de tu parte y, como todo en la vida, necesitarás un pequeño estudio previo, un guion para saber cómo empezar y de qué manera hacerlo. Aquí es donde te presento la metodología SMART. Una de las cosas buenas que tiene haber estudiado una carrera universitaria es poder conocer este tipo de terminologías. Con este método intentaremos plasmar, a modo de radiografía, tus objetivos de tal manera que podrás ver el tiempo que te queda para conseguirlo, ajustar o cambiar alguna acción que creamos necesaria y sobre todo será el foco que te haga de guía para alcanzar esa idea. La palabra SMART es un acrónimo qué significa lo siguiente:

- **S: Specific:** El objetivo debe ser lo más concreto posible, específico. A simple vista, cualquiera debe entender qué quieres hacer y cómo: "Quiero abrir una tienda de ropa y para ello necesito saber dónde la ubicaré y quiénes serán mis proveedores iniciales", por ejemplo.

- **M: Measurable:** El objetivo tiene que ser medible para que tú mismo lleves el control. Para ello necesitas introducir datos exactos que se ajusten a ello, como, por ejemplo: "Hablaré con 5 proveedores en el próximo mes para saber cuánto me cuesta la ropa e ir haciendo un presupuesto".

- **A: Achievable:** Alcanzable, lograble. Todo objetivo tiene que ser logrado, que para ello nos lo proponemos. Con lo cual esta parte tiene que ver con acotar el objetivo, encuadrarlo. Por ejemplo, y siguiendo la temática de la apertura de una tienda de ropa: "La tienda la abriré en 6 meses". Aquí es necesario establecer fechas o números que sean viables. No exigirte cosas imposibles (abriré la semana que viene) ni ser poco concreto (abriré este año).

- **R: Relevant:** Que sea <u>importante</u>, relevante, que te ilusiones con la idea. Esto hará que te esfuerces más en conseguirlo y que cumplas con cada uno de los apartados. Recuerda que el plan te tiene que motivar de solo leerlo y cuando creas que no tiene sentido seguir y estés perdiendo la ilusión, vuelve a leerlo. Por ejemplo: "Abriré en los próximos 6 meses mi tienda de ropa, la cual llevará el nombre que tanto me gusta y así podré cumplir mi objetivo que es un sueño para mí".

- **T: Time-Oriented:** <u>Limitado en el tiempo</u>: Como ya hemos comentado con anterioridad, el objetivo debe estar limitado en el tiempo, tener una fecha de finalización o de apertura o de comienzo para que te exija llegar a esa fecha. Si esta fecha se la vas comentando a más personas además de tu entorno, o lo compartes en tus redes sociales o creas un cartel, etc., también te ayudará a autoexigirte.

En resumen, con este método que puede parecer difícil si no lo conocías, establecerás el guión para tu objetivo, para tenerlo siempre bajo control y, sobre todo, para no fallarte a ti mismo. Lo podrás usar para todo lo que quieras: desde empezar una dieta, estudiar si tienes exámenes u oposiciones, escribir un libro, apertura de un negocio, etc. Déjame decirte que si has empezado alguna meta y no le has asignado este tipo de seguimiento ambos sabemos que habrás acabado por aburrirte y desistido de ello.

La gran mayoría de personas que en algún momento de sus vidas han decidido comenzar un proyecto concreto, han abandonado antes de conseguirlo, posiblemente hayan desistido a mitad de camino. Llámalo aburrimiento, desmotivación, etc., el caso es que no se han sentido lo suficientemente fuertes como para continuar y esto se debe a que el principal motivo que ellos tenían para poder continuar no les resulta lo suficientemente atractivo. ¿Cuántas veces has abandonado la dieta? ¿Cuándo fue la última vez que te propusiste ir a correr? ¿Alguna vez has negado una salida de ocio para poder ahorrar? ¿Cuántas veces has pensado en comenzar tu proyecto comercial y lo has pospuesto creando excusas? Si la respuesta a todas esas preguntas es siempre la misma, estarás de acuerdo conmigo cuando te digo que te falta algo más para poder completar tus propósitos. No te digo que tengas que diseñar esta metodología (SMART) cada vez que hagas o inicies algo, ya que también te cansarás por el simple hecho de pensar en hacerlo. Lo que sí es cierto es que necesitas, al menos, establecer una fecha de inicio o una fecha límite y un título llamativo. Si quieres abrir un nuevo negocio no te quedará otra opción que redactarlo siguiendo esta metodología al igual que si quieres empezar una nueva dieta con el fin de darle seguimiento y anotar posibles desviaciones y progresos. Más adelante veremos cómo conseguir motivación para no decaer en el camino de conseguir nuestros propósitos. Recuerda no perder el foco: convertirte en un experto Fit-Nanciero.

Si estás leyendo este libro es porque, finalmente, eres una persona inquieta y quieres sacarle provecho a tu potencial. Necesitas una pequeña dosis de ayuda extra que te empuje a hacer aquello que tienes en mente y que, por circunstancias varias, nunca terminas por comenzar. Si este libro ha sido un regalo, esa persona sabe que tienes una mentalidad inquieta y llena de ideas y sabe que necesitas esa dosis extra. En cualquier caso, tú eres el único o la única en dar el primer paso, nadie lo dará por ti. Te doy mi enhorabuena y al mismo tiempo las gracias por confiar en este libro como un primer paso para convertirte en aquello que sueñas o en lo que hemos llamado la excelencia Fit-Nanciera. Si aún no has cogido papel y bolígrafo para proyectar tu idea de negocio, tu estructura de estudio o simplemente la planificación de tu dieta o tu entrenamiento, mediante la metodología SMART, mal vamos. Te aconsejo que destines 15 minutos de tu día de hoy (puedes empezar ahora mismo incluso) o mañana como muy tarde para realizarlo, y verás lo gratificante que es. Recuerda el principio del libro cuando te presenté la palabra procrastinar: Dejar para luego lo que podrías hacer ahora. Dejar para otro momento ese sueño que puedes empezar a realizar ya. De hecho, podías haberlo empezado ayer, pero la vida te está dando una segunda oportunidad para que empieces hoy mismo, aprovéchala. ¡El único camino para alcanzar la excelencia Fit-Nanciera es empezando ahora!

En el mundo de la música necesitas mucha disciplina, ya que al igual que cualquier deporte también te exige que te cuides para estar al 100% el día de la actuación. En el "mundillo" donde yo me muevo, el flamenco, pasa exactamente lo mismo: para estar bien de voz, descansado y concentrado, hay veces que tienes que prescindir de ciertas actividades que, de algún modo, te pueden perjudicar a la hora de dar el máximo de ti. Me refiero a que muchas veces tienes que decir NO a una fiesta, aunque tus amigos vayan, a una escapada de fin de semana que coincide con alguna actuación, ir a ensayar a deshoras en lugar de estar descansando en casa, etc. Si eres músico o practicas algún deporte o algún arte que requiera este sacrificio, sabes de qué te hablo.

En mi caso, esta disciplina que me ha exigido siempre el flamenco me ha ayudado en mi vida cotidiana y la he utilizado para ser exigente en el deporte, en el trabajo, en mis finanzas, etc.

En épocas de concursos de cante flamenco necesitaba más que nunca de esta disciplina para prepararme (letras nuevas, nuevos estilos, ritmos, viajes, falta de sueño, etc.), por lo que tenía que prescindir de mi ocio o de mis horas de descanso después del trabajo para dedicarme a esa preparación. En ocasiones, he preparado el concurso a conciencia a niveles de no salir con los amigos, prohibirme las bebidas frías, no poner el aire acondicionado en verano, no salir a tomar algo, etc. En resumen, estar muy enfocado para lograr ganar el concurso, y a la hora de la verdad no he conseguido estar entre los 3 primeros. Es una sensación muy desagradable, a nadie le agrada perder, pero creo que forma parte del aprendizaje e incluso lo veo necesario. En estas ocasiones, nunca pensaba en desistir, simplemente utilizaba esa rabia de haber perdido y la transformaba en ganas de superarme para poder quedar entre los 3 primeros el año siguiente. Y así sucedía.

Si tienes una idea de negocio, primero debes plasmarla como hemos hablado anteriormente con la técnica SMART para así tenerla siempre a la vista e ir mirándola cada vez que quieras para modificar lo que se te antoje en cualquier momento. Con este método, junto con la disciplina que hemos mencionado, la cual es imprescindible, te aseguro que cumplirás todas las metas que te propongas, no tengo la menor duda de ello. De hecho, si tienes una idea, un proyecto por pulir y no sabes cómo comenzar a exponerlo, te escucho y te puedo ayudar e incluso animarte a que empieces. Recuerda que lo más importante es empezar, el resto viene solo.

¿Has conseguido tus objetivos con algún otro método? ¡Me encantaría escucharte y saber tu historia, te leo!

conceptofitnanciero@gmail.com

Cuando se tiene un trabajo, a veces puede ser complicado pensar en otra cosa, sobre todo durante las horas laborales, ya que mientras trabajas no tienes tiempo ni mente para dedicarle la atención que se merece, y cuando llegas a casa tienes un nivel de cansancio que no te apetece hacer gran cosa más que beber un refresco y relajarte mientras ves tu serie favorita. Es lógico y, de hecho, saludable hacerlo, pero, como todo en la vida, en exceso no. Si quieres avanzar tendrás que establecer días dedicados al descanso u horas del día dedicadas a ese descanso, pero tener en mente siempre tu objetivo. Recuerda que haciendo siempre lo mismo nunca lograrás resultados distintos. Si estás pensando en dejar tu trabajo porque tienes una idea de negocio que quieres comenzar a darle forma, previamente deberías tenerlo todo muy bien estudiado y planificado, ya que vas a dar un salto muy importante. Considero que es de riesgo dejar tu trabajo actual solo para empezar a preparar y dedicarte a diseñar tu nuevo proyecto; haz un esfuerzo extra e intenta compatibilizarlo. Intenta siempre salir bien de tu actual empleo, ya que la empresa en la que estás necesitará encontrar a alguien que ocupe tu lugar, con lo que eso conlleva (proceso de reclutamiento, formación, adaptación, etc.) por lo que necesitarás dar los días necesarios y hacerlo de la manera que tanto tú como la empresa en la que estas, acabéis la relación de la mejor manera posible.

Para cumplir un objetivo concreto también existe una buena manera de conseguirlo que es marcándote pequeñas metas. Esta es la diferencia entre un objetivo y una meta. Cada meta que te propongas y vayas consiguiendo te acercará poco a poco a conseguir tu objetivo principal. En este caso, tomando como ejemplo el anterior de dejar nuestro trabajo para convertirnos en emprendedores, una vez tengamos claro el objetivo, así como el "timing" necesario, iremos poniéndonos metas acotadas y definidas en el tiempo y a medida que las vayamos alcanzando será un paso más para alcanzar nuestro objetivo principal. En este apartado te recomiendo, y mucho, la ayuda de un profesional que te asesore, libros específicos para tu formación o un mentor que ya haya recorrido el camino que tú te dispones a andar. La figura del mentor es muy importante porque te hará ahorrar tiempo y errores, los cuales van muy relacionados con un ahorro económico y con la frustración.

Si recuerdas cuando hablábamos de la carrera de la rata, recordarás que para obtener resultados diferentes es necesario que hagas algo diferente, por lo que si quieres resultados y quieres avanzar no solo basta con tener buenas ideas, sino que también hay que desarrollarlas y sobre todo no tener miedo. Para ello busca información, lee mucho, aprende, fórmate, busca personas que hayan conseguido lo que tú quieres alcanzar y utilízalas como ejemplo e incluso intenta dirigirte a ellos. Es importante tener un espejo en el que mirarse para, de algún modo, "copiar" sus pasos, aunque con tus propias ideas. Hablar con alguien que ya haya pasado por todo el proceso que tú estás dispuesto a andar, es muy gratificante ya que estoy seguro de que ellos querrán ayudarte. Una persona exitosa, que ya haya conseguido sus objetivos, está mucho más proactiva a ayudar a quien quiera seguir su camino, ya que, normalmente, está cansada de quien lo critica o quien lo tiene en el punto de mira debido a lo que pueda generar su influencia y notoriedad. Es importante tener un mentor en el desarrollo de tu camino, ya que recibirás consejos que te ayudarán a no dar pasos en falso.

Si ya eres emprendedor o te encuentras profundamente concentrado en tu idea emprendedora y estás desarrollando tu sueño, estás de enhorabuena, pero recuerda no relajarte y mantener esa llama siempre encendida, la ilusión del primer día. En esta etapa también encontrarás piedras en el camino traducidas como: los malditos créditos, retrasos en los pedidos, errores en la fabricación, clientes descontentos, nivel bajo de ventas, etc. Pero ante este tipo de situaciones difíciles recuerda hacerte siempre una pregunta: ¿Por qué abrí este negocio? ¿Por qué decidí emprender? ¿Qué quería conseguir con todo esto? Te aseguro que ahí tendrás la respuesta a todos estos problemas que surjan. Hazte a ti mismo estas preguntas las veces que sean necesarias hasta que tú solo te des la respuesta que necesitas. Te recomiendo que anotes en un papel tanto las preguntas como las posibles respuestas y te aseguro que tú mismo darás la respuesta que solucione en gran parte el problema que atraviesas. La mayoría de las veces la mente humana se centra en el foco del problema y no en la solución; yo la reconozco como la visión túnel, la cual nos nubla de todo lo que hay alrededor del problema impidiéndonos ver la solución con claridad y haciendo que solo veamos el dichoso problema. Está en relación con la ley de atracción, ya que, si piensas en una deuda que te quita el sueño en tu mente solo habrá precisamente eso: LA DEUDA. Tu mente no verá nada más que eso, por lo que intenta hacer las preguntas que hemos visto anteriormente: ahí tienes la respuesta que necesitas.

Es interesante que conozcas una cadena de preguntas, que tiene mucho que ver con la ley de atracción, que es la siguiente:

- "La calidad de tus preguntas mejorará la calidad de tus respuestas": Si te haces preguntas interesantes y de valor, las respuestas que obtendrás serán del mismo modo.

- "La calidad de tus respuestas mejorarán la calidad de tus actos": A medida que respondas con buenos argumentos, cambiarás de comportamiento, accionarás, te activarás.

- "La calidad de tus actos mejorará la calidad de tus metas": a medida que vayas mejorando tu forma de actuar debido a que sabes donde quieres ir, se verá reflejado en la consecución de las metas que has ido proponiéndote.

- "La calidad de tus metas mejorará la calidad de tus objetivos": Por último, cada meta que vayas logrando te motivará a continuar para lograr el objetivo final.

Recuerda siempre tener una visión "largoplacista", ya que, nunca es tarde para empezar nada en la vida, siempre será tarde para no empezar.

A modo de conclusión de este segundo bloque, y recordando las ideas principales, hemos aprendido la importancia del desarrollo de nuestros objetivos mediante la metodología SMART, la cual nos marcará los tiempos y nos servirá como un guion de lo que vamos a hacer. Siempre, y sobre todo al inicio, existirá la posibilidad de compatibilizar una jornada laboral con tu idea emprendedora, lo cual te exigirá más y también te hará administrar el tiempo dándole el valor que tiene hasta que veamos por nosotros mismos que necesitamos el tiempo completo para el desarrollo en profundidad de nuestra idea.

Recuerda que hoy en día las redes sociales son una excelente herramienta si las manejamos de manera eficiente e inteligente. Existen muchas personas de todas las edades que han hecho fortunas a través de las redes sociales con un manejo inteligente de las mismas.

Ten presente, si ya eres emprendedor, el uso del flujo de caja de tu negocio ya que, al igual de que si vienes de tener unos ingresos fijos (nómina) mensuales, como si no, muchos emprendedores pierden la noción de lo que ganan, ya que, en ocasiones es complicado saberlo debido a que hay una continua entrada y salida de dinero. Para evitar esto y tenerlo un poco más controlado, elabora un cuadro de ingresos y gastos diarios, para poder ver mediante un simple vistazo cuáles han sido tus gastos y tus ingresos día a día, que podrás resumir mensualmente y, luego, hacer un balance anual para ver cómo ha ido el año e incluso elaborar un presupuesto para el año siguiente. Un ejemplo básico de cuadro de flujo de caja podría ser el siguiente:

ENERO						
1ª SEMANA	LUNES	MARTES	MIÉRCOLES	JUEVES	VIERNES	SÁBADO
INGRESOS	720,00 €	230,00 €	280,00 €	260,00 €	650,00 €	1.300,00 €
GASTOS	-2.150,00 €	-420,00 €	-230,00 €	0,00 €	-120,00 €	-50,00 €
TOTAL	-1.430,00 €	-190,00 €	50,00 €	260,00 €	530,00 €	1.250,00 €

Balance semanal: 470,00 €

*Flujo de caja con datos irreales, el objetivo es conocer su funcionamiento.

Con esta tabla básica de sumas y restas puedes ir viendo el flujo de caja semanal de tu negocio donde en "balance semanal" podremos ver el sumatorio del total de ingresos y gastos de la semana en cuestión. Si lo hacemos así con todas las semanas, a final de mes veremos nuestro balance mensual y a final de año conseguiremos un balance anual simplificado para ver cómo nos ha ido durante el año. Es tanto o más importante tener visualizados los gastos para mantenerlos a raya y evitar así un posible desvío, ya que solo así los localizamos de manera clara y sencilla.

TERCER BLOQUE

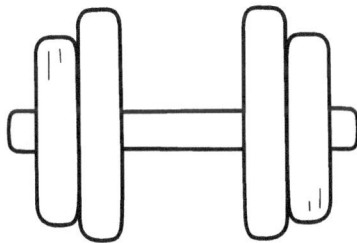

LA INFRAVALORADA SALUD FÍSICO-MENTAL

"No importa cuantas veces te equivoques o la lentitud de tu progreso, ya que sigues estando muy por delante de los que ni lo intentan"

TONY ROBBINS

Habiendo llegado a este punto, ya tendrás muy claro y presente el concepto de procrastinar: No dejar para mañana lo que perfectamente puedes hacer hoy o, mejor aún, ahora mismo. Para alcanzar nuestro máximo nivel Fit-Nanciero, debes tener muy presente el término procrastinar para no dejarte invadir por él.

Tengo claro que se infravalora todo lo que tiene que ver con el desarrollo físico y mental. No se le da la importancia vital que tiene. Solo piensa por un momento en la cantidad de beneficios que produce el hacer deporte, cuidar tu alimentación y llevar un estilo de vida saludable. Esto, lo cual muchas veces se consideran actividades superficiales, para el cambio físico, también está ayudando a tu salud mental, la cual estás cuidando de forma indirecta.

Lo que existe entre tus metas y tú se llama esfuerzo, disciplina y amor propio. No pretendemos, o sí, quién sabe, tener la disciplina de un deportista de élite, pero lo que si pretendemos es tener claro, al finalizar este libro, que el esfuerzo no se negocia, y que tú eres tu mayor enemigo, y es a ti mismo a quien tienes que contarle las excusas, es decir, eres el único que debe creerse sus propias excusas. Si en tu cuadro de metas diarias has determinado correr 20 o 30 minutos diarios para preparar tus oposiciones, o comer X cantidad de calorías para tu pérdida de peso, o fumarte 1 solo cigarro para dejarlo por completo, sabes que tienes que hacerlo, no puedes fallar, ya que si no lo haces te estarás fallando a ti mismo y no conseguirás tu objetivo final.

Estos ejemplos que he mencionado anteriormente son básicos para que entiendas el poder de la acumulación de metas y el poder del largo plazo. Un cúmulo de pequeños logros diarios se traduce en un monte de logros mensuales que provocará, mediante un efecto de bola de nieve, una montaña anual de buenos logros que se traducirá en haber alcanzado el objetivo establecido al principio del camino.

Cuando realmente decidí trabajar en mejorar mi salud Fit-Nanciera, me encontraba sin ideas claras, ni de finanzas, ni de salud personal. Entonces, comencé a formarme para saber qué camino escoger o qué era lo que necesitaba para alcanzar lo que quería conseguir: la excelencia Fit-Nanciera.

En todos los libros de economía, desarrollo personal y de salud que he leído, y leo, observo que hay un punto en común a la hora de mejorar las finanzas o la salud física, por lo que se me ocurrió la idea de lo que en este libro llamamos "salud Fit-Nanciera".

Se trata de una fórmula muy sencilla que se usa en economía para averiguar tu beneficio: Ingresos-Gastos: Beneficio (I-G:Bº) y que de igual manera se usa en libros de salud para calcular tus calorías dependiendo si quieres ganar o perder peso: Ingesta calórica - Gasto Calórico: Beneficio (Ic-Gc:Bº). En ambos casos, si el resultado es negativo serán pérdidas y si es positivo serán ganancias, ¿no?

Vamos con un ejemplo: Si ingreso 1000€ y gasto 600€, mis beneficios son 400€, es decir ganancias; si ingreso 1000€ y gasto 1400€ mis beneficios son -400€, es decir pérdidas. De la misma manera si ingiero 3000 Kcal., y gasto 2000 Kcal., mi beneficio calórico es de 1000 Kcal., lo cual se traduce en una ganancia de peso; si ingiero 3000 Kcal., y gasto 3500 Kcal., mi beneficio ahora es de

-500Kcal, es decir pérdida de peso, déficit calorico. Una muy estrecha relación matemática como has podido comprobar, ya que al fin y al cabo todo se resume en eso, y es por esta razón que podemos hablar de mantener un sistema Fit-Nanciero saludable y encontrar al mismo tiempo un equilibro entre nuestras finanzas y nuestra salud física llevándolas al mismo tiempo sin tenernos que centrar en ninguna en particular si no en el conjunto de ambas.

Un estilo de vida saludable hará que nos sintamos mejor en nuestro día a día y nos ayudará a canalizar el estrés alcanzando así nuestra meta Fit-Nanciera más importante, aquella que tenemos entre ceja y ceja.

Si crees que deberías mejorar en este aspecto, pero te cuesta dar el primer paso, recuerda los métodos que hemos explicado anteriormente y deja de procrastinar. Coloca delante de ti un folio en blanco, agarra un bolígrafo y anota cuál será tu objetivo y cuándo lo querrás lograr. Recuerda que debes ser realista en tiempo y forma, ya que, si quieres el físico de Cristiano Ronaldo para agosto y estás en junio, no estarás siendo realista ni en tiempo ni en forma. Prueba ponerte un objetivo a 6 meses y pequeñas metas en medio que te obliguen a ir superándolas y, de esta manera, a medida que vayas cumpliendo metas irás motivándote e irás teniendo la sensación de que vas avanzando.

No me digas que te da pereza hacerlo y, por otro lado, no te da pereza ir todos los dias a trabajar para una empresa que no es tuya.

—*Si bueno, no es lo mismo Óscar, lo hago por dinero.*

—*OK, pues en este caso hazlo por ti, ya que, es más que suficiente para empezar.*

Para pensar con claridad es importante el deporte y la buena alimentación para mantenernos activos y ágiles, tanto física como mentalmente. Al realizar cualquier tipo de ejercicio físico, se liberan endorfinas incluso hasta horas posteriores a su realización, lo que ayuda al sistema nervioso central a actuar de manera más eficiente permitiendo que haya comunicaciones más rápidas entre las diferentes áreas cerebrales. También nos ayudará a conciliar mejor el sueño y a levantarte más descansado, con las baterías recargadas. Esto se traducirá en que cada mañana tengas mejor humor y más ganas de hacer cosas, ya que tu capacidad de atención y concentración también se agudizan. El deporte también es muy buen aliado para la regulación del apetito, protector de enfermedades y nos ayuda a controlar la ansiedad y la depresión.

Recuerda que la depresión es tu mente concentrada en pensar en el pasado, mientras que la ansiedad es tu mente tratando de llegar al futuro. El deporte te ayudará en ambos casos a tener la mente ocupada. Son muchas las ventajas que tiene realizar cualquier tipo de actividad física, independientemente de la edad que tengas. Lo único que tienes que hacer es adaptarlo a tu estilo de vida y capacidades y, sobre todo, darle prioridad en tu día a día. No te lamentes de lo que pasó, ya que te ayudó a ser quien eres, ni tampoco ansíes el mañana, que sin duda llegará. Ten los pies en el presente recordando lo aprendido en el ayer que te servirá para ser más inteligente mañana.

La fórmula matemática vista anteriormente es sencilla de aplicar para todo tipo de personas que deseen perder peso; en ese caso nos referimos a la fórmula del déficit calórico. Aquí nos basamos en que para perder peso es necesario ingerir menos calorías de las que gastamos. Para lograr esto necesitaremos conocer cuáles son los alimentos que nos proporcionan menos peso calórico o, lo que es lo mismo, necesitaremos saber cuáles son los alimentos con más bajo poder calórico como por ejemplo la fruta y las verduras. Alimentos que nos sacien y sean bajos en calorías, que podemos combinarlos con hidratos de carbono limpios como son el arroz o la patata y suplementarlos con alimentos proteicos como el huevo, el pollo o el atún entre otros muchos.

El hidrato de carbono controlado como el pan nos dará energía necesaria para desarrollar nuestro día a día y nuestro entrenamiento y no sentirnos cansados; por otro lado, la proteína como el pavo o el huevo nos proporciona esa regeneración de fibras rotas durante el entrenamiento, y la fruta y verdura nos proporciona agua, saciedad y nutrientes muy importantes y necesarios para el organismo.

Llegados a este punto todo el mundo conoce la teoría, e incluso puede que lo supieras antes de leer este libro. Pero ¿por qué nos cuesta tanto aplicarla? La respuesta es sencilla: nos saboteamos a nosotros mismos. Esto sucede porque no pensamos en el largo plazo, pensamos en el dolor que nos proporciona el corto plazo y no estamos dispuestos a pagar ese peaje.

Todos queremos tener un cuerpo perfecto, las cuentas del banco saneadas, sin deudas, el trabajo perfecto, la pareja ideal, etc., pero pocos son los que sacrifican el corto plazo para obtener lo que quieren en el largo plazo. Como dije anteriormente, la teoría la sabemos todos, ponerla en práctica ya es otra cosa. Todos sabemos qué necesitamos hacer para ahorrar, qué necesitamos hacer para bajar de peso, para encontrar un buen trabajo, etc., y no lo queremos obtener por la teoría, sino que, la mayoría de las veces, buscamos atajos, recomendaciones de conocidos, búsquedas en internet, etc., para llegar cuanto antes al objetivo olvidando así lo más importante: el proceso. Eso es lo más importante de todo, el proceso, el camino que deberás recorrer para alcanzar tu meta o tu objetivo. La consecución del objetivo es el colofón, es pinchar la bandera en la cima de la montaña, será la alegría de haber conseguido lo que pretendías, pero el viaje transcurrido hasta la cima es lo que nos está enseñando y será lo que nos proporcione la adherencia necesaria para poder ser constantes y no volver a decaer.

¿Cómo estarías ahora si hubieras aplicado la teoría hace 2 años y no hubieras desistido? Estoy seguro de que te encontrarías en el punto que te gustaría estar y echando la vista atrás solo 2 años te darás cuenta de que no son nada, por lo que podrías comenzar a escribir tus próximos 2 años ahora mismo y alcanzar el auge Fit-Nanciero.

Lo más complicado que nos puede venir a la mente es el comienzo, arrancar, dar el primer paso, saltar de la cama. Pero si te mentalizas de que ese primer paso es el 0.01% de todo el proceso de cambio, te darás cuenta lo sencillo que será arrancar, ya que una vez estés sumergido en el viaje, tendrás que preocuparte de no fallarte a ti mismo. Siempre tener presente tu objetivo, ya que, al final, alcanzar el ápex Fit-Nanciero depende pura y exclusivamente de ti.

Antes de comenzar a transformar mi físico, como ya te he comentado, primero me formé un poco en el ámbito del ejercicio y la alimentación, al menos para tener claro las nociones básicas y arrancar. Hoy en día continúo con el mismo estilo de vida que cuando empecé, afinando más, puliendo el proceso, ya que he creado adherencia y eso se obtiene a base de no fallar. Aún son muchos los que me preguntan si aun sigo haciendo deporte todos los días, o si continúo cuidando mi alimentación, levantándome 2 horas antes de ir a trabajar, etc. La respuesta es evidente: Por supuesto que sí. Cuando me di cuenta de la importancia del largo plazo, recapacité en que la mejor inversión que podía hacer era en mí mismo, en obtener mi mejor versión. Si hace dos años me hubieran preguntado: ¿Cómo te gustaría verte en dos años?, mi respuesta habría sido: Como estoy ahora. No es de ser conformista, es que miro cada día de esos dos años que han pasado y el esfuerzo valió la pena.

Bueno y, cambiando de tema…

¿Ya has planificado tu entrenamiento semanal o aún estás procrastinando?

Antes de planificar tu semana te aconsejo que si hace mucho que no practicas deporte podrías empezar por algo moderado, ya que si te pones el listón muy alto al principio correrás el riesgo de aburrirte o cansarte antes de tiempo. Si puedes permitirte un gimnasio, adelante y, si no, en internet existen miles de videos y entrenadores cualificados de los que puedes coger rutinas. Yo personalmente los recomiendo, es algo que hemos aprendido de la pandemia y a mí me funcionó. Perdí 12 kg en cuestión de 8 meses, de manera progresiva sin dietas fuertes, sin milagros, solo con trabajo, esfuerzo y disciplina. Lo hice con un entrenador personal online (Juanjo Martin) el cual, recomiendo muchísimo, ya que, aparte de entrenamiento también brinda asesoramiento en la parte dietética amoldándose a tus objetivos. Un tipo al que recomiendo seguir en sus redes sociales, ya que, es un ejemplo de lucha y superación donde aprenderás contenido de mucho valor.

Es muy importante que desarrolles un estilo de vida saludable, y cuando hablo de saludable me refiero a nuestra terminología

Fit-Nanciera, la terminología que todo lo engloba. Independientemente de que estés buscando perder peso o ganarlo, ponerte en forma, prepararte físicamente para una oposición o simplemente por un reto personal, es importante que adoptes esta versión de ti, ya que es la base para que todo lo anterior que hemos hablado vaya bien cimentado y rindas mejor.

Hacer del consumo de alcohol algo esporádico, ya que a veces no pasa nada por tomarse algunas copas con nuestros amigos, familiares o enamorados siempre que se controle y no sea un hábito continuo o lo necesitemos para nuestro día a día. Aumenta el consumo de comida real, ya que es el alimento lo que nos proporciona lo que nuestro organismo quiere y no es el paladar el que manda aquí. Rechaza lo procesado, o evita su consumo habitual. No soy dietista ni nutricionista, pero sí una persona mínimamente informada sobre el tema, por lo que puedo asegurarte que, por ejemplo, el consumo excesivo de azúcar o bollería industrial hace que nuestro cuerpo genere una alta cantidad de insulina y esto provoca una alteración del apetito, ya que, básicamente, te da una sensación errónea de saciedad animándote a seguir ingiriendo este tipo de alimento provocando un círculo vicioso perjudicial para tu salud.

Como siempre digo, la mejora en tu alimentación diaria comienza en el super mercado. Aconsejo a comprar ese tipo de "caprichos" el mismo día que lo vayamos a consumir.

Pequeños cambios en tu día a día se transformarán en grandes avances en tu vida y tu yo del futuro te lo agradecerá. Te irás sintiendo mejor a la hora de realizar cualquier deporte, te irás motivando cada vez más, irás viendo como la ropa te entra mejor, te hará verte más guapo o guapa aumentado así tu felicidad, que se traduce en mejor rendimiento en tu trabajo, en tus relaciones sociales y sexuales, las cuales son muy importantes e influyentes en nuestras vidas.

Como puedes ver son todas ventajas y no está reñido con no tener tiempo, ya que es cuestión de prioridad, organización y planificación. Hacer deporte, pensar en nuestro desarrollo personal, estirar, ducharse y continuar es el mejor cargador natural que existe, ¡pruébalo!

Estoy completamente seguro de que las redes sociales te ocupan más de 1 hora al día por lo que no puedes decir que no tienes tiempo para, durante esa hora, caminar entre 8 y 10 mil pasos mientras escuchas tu música favorita, por ejemplo. Es lo único que necesitas para empezar a sentirte mejor y no hay nada más placentero que llegar a casa, cansado después de una hora de caminata y darte una buena ducha. Prueba con esta rutina durante un mes, dale prioridad en tu día a día, de lunes a sábado, establécela como la primera meta dentro del objetivo de mejorarte a ti mismo y mejorar tu estado Fit-Nanciero. Utiliza el domingo para descansar y planificar la semana entrante, acompáñalo con una alimentación rica en proteína, vegetales y fruta. Olvídate de los milagros y piensa en el largo plazo. Cuida las cantidades en el plato a la hora de comer, lo puedes dividir en 2; una mitad estará llena de vegetales, verduras, hortalizas, y la otra mitad divídela en 2: ¼ debe ser hidratos de carbono y el otro ¼ de proteína. Ensalada de garbanzos, chía, lechuga, atún y tomate; ruedas de zanahoria al horno con orégano y un pelín de sal; boniato al horno con pimientos; huevo cocido con aguacate, limón y sal, etc., son ejemplos mínimos de las cantidades de alimentos saludables que puedes incluir en tu dieta diaria para obtener un bajo contenido calórico, añadiendo proteína e hidratos de carbono naturales.

El fácil acceso a internet y la gran cantidad de información de lo que queramos saber en cualquier parte del mundo y a cualquier hora del día, hace que muchas veces nos encontremos con una sobreinformación que nos confunda y no sepamos diferenciar entre lo que es bueno y lo que nos intentan vender como bueno y que realmente no lo es. Me refiero a los clásicos anuncios de: "Pierda 5 kg en solo 1 mes con nuestro método"; "Bebe nuestro batido limpiador y en tan solo 2 meses habrá perdido los kg que usted desea" "Deje de ir al gimnasio y compre nuestra turbo-power-step para tener un físico envidiable", etc. Son cebos que captan nuestra atención y que hacen que busquemos esos atajos para llegar cuanto antes a lo que pretendemos provocando posteriormente un recelo a todo el mundo fitness, buena alimentación, vida sana, etc.

Esto es un camino con dificultades que hay que recorrer por nosotros mismos en el que, al final, está la mesa servida y solo aquellos que lo han dado todo podrán disfrutar del manjar. Utiliza entonces el poder de internet y de las redes sociales para formarte e informarte y obtener un beneficio propio utilizándolo a tu favor buscando información de calidad. Olvídate de los atajos, la magia y los milagros, ya que de esta manera quizás llegues a lo que pretendes, pero no aprenderás del trayecto y probablemente volverás en poco tiempo al punto de partida.

Una muy buena herramienta en internet es YouTube, donde existen tutoriales para todo, desde cómo aterrizar un avión hasta cómo hacer la cama, y en cuanto a finanzas y deporte hay millones de videos y tutoriales muy interesantes y prácticos. Así podremos tener un entrenador personal en casa a cualquier hora y en cualquier momento. Personalmente, yo lo uso mucho tanto para aprender como para entrenar y merecen mi insignificante mención, por si a alguien le puede ayudar, los canales de: "Siéntete joven", "Patri Jordán", "Juanjo Martín" y el gran "Fausto Murillo", quien, para mí, es el mejor entrenador virtual que hay en este formato y siempre recomiendo, ya que, si queréis resultados excelentes, Fausto es vuestro hombre. Como he comentado anteriormente, perdí unos 12 kg con este tipo de entrenamiento en casa sin pisar un gimnasio (no tengo nada en contra) con una inversión de unos 6 o 7 euros que me costó una esterilla de yoga.

La pereza, en ocasiones, condiciona nuestras metas por lo que dependerá de nosotros imponernos a ella y también la fuerza que tenga la meta que te has planteado. Mientras más concreta y definida sea, mucho más fácil será para ti conseguirla y aumentarán las probabilidades de éxito.

En ocasiones desistimos porque no hemos sabido definir bien la meta y no le vamos haciendo seguimiento, por lo que nos aburrimos en medio camino. Con esto no quiero decir que aun teniéndolo todo bien estructurado no puedas sentirte cansado y con ganas de abandonar en algún momento, ya que, forma parte del proceso y hasta es recomendable en ocasiones parar, descansar un poco y volver a retomarlo con más ganas y con la energía recargada. Para mí, el domingo es el día de descanso físico y el sábado es mi día de descanso de alimentación, así que como lo que me apetece ese día. Digamos que me doy ese premio por haber estado toda la semana cumpliendo con lo pactado así evito la frustración y genero confianza en el método.

Un punto que destacar aquí son las relaciones humanas. Me refiero a tu entorno más cercano: tus amigos, compañeros de trabajo o de casa, compañía sentimental, familiares, etc. Ellos juegan un papel muy importante a la hora de animarte o desanimarte durante el proceso de alcanzar tus objetivos. Es bueno contarle a este círculo cercano en qué metas estás trabajando para que, de alguna manera, te presionen y te evalúen para también tener una idea externa de cómo van las cosas. Habrá ocasiones en las que este círculo del que hemos hablado te apoye y te servirá para no defraudarlos y que puedan confiar en ti, ya que se alegran de tus logros, hecho que te motivará a continuar.

Una frase que me gusta mucho es: "Al principio se reirán de ti, no te tomarán en serio, no te ven capaz de conseguirlo, esperarán que fracases para ser los primeros en decírtelo, pero, cuando lo logres, te preguntarán cómo lo has hecho".

En esta frase están las personas, dentro de ese círculo íntimo que hemos hablado, que se reirán de ti y aceptarán posteriormente que estás inmerso en tu cambio personal. Del mismo modo, te irán recordando que estás perdiendo el tiempo y que eso no es para ti, te ven realmente fuera de la zona de confort donde están ellos y no quieren que salgas. Si oyes esto es porque vas por buen camino, las cosas las estás haciendo bien y necesitas de estas personas para saber en qué punto te encuentras.

Un punto importante para no desistir es mantener siempre el foco en lo que te has propuesto, tenerlo siempre presente. Ese objetivo eres el tú del mañana, el tú que ha conseguido lo que se ha propuesto.

Para concluir este punto, el cual creo que es muy importante y por el que, desde mi punto de vista, influye el devenir de tu día a día, te aliento a que no desistas de querer sentirte bien contigo mismo. Independientemente de tu estado físico, piensa en ti y dedícate tiempo para aprender, crecer y sobre todo ser mejor cada día.

Las empresas tienen activos: tangibles como puede ser la posesión de una nave industrial; o intangibles como puede ser el valor de una marca, por ejemplo. Nosotros nos tenemos a nosotros mismos: somos nuestro mejor activo tangible e intangible, debemos invertir en nosotros al igual que invertimos tiempo, esfuerzo y conocimiento en ser buenos empleados o hacer que nuestra propia empresa facture lo máximo. Siguiendo nuestra línea de convertirnos en seres altamente Fit-Nancieros, debemos cuidar nuestra salud física y mental, ya que gracias a ello nos sentiremos preparados y con fuerzas para afrontar cualquier situación que se nos presente.

Ten en cuenta que si quieres deshacerte de esos kilos de más necesitas llevar una vida donde el deporte no sea algo esporádico, sino que forme parte de tu día a día como puede ser dormir o hacerte el desayuno por las mañanas. Sé constante, prioriza el consumo de comida real como fruta, verduras, legumbres, proteína animal o vegetal, hidratos de carbono limpios, e intenta consumir menos calorías de las que gastas o las mismas, siempre que tu nivel de actividad física sea exigente.

Date tiempo, ten paciencia, sé constante, prioriza el consumo de fruta como snack para picar entre horas y bebe abundante agua a cualquier hora del día. La teoría la sabes perfectamente, y no de ahora, desde siempre, pero necesitas un chispazo que te haga saltar del sofá y ese chispazo se llama: El tú del mañana.

Te aseguro que cumpliendo estas cuatro reglas que hemos visto alcanzarás tu máximo estado Fit-Nanciero por lo que no te falles, no te rindas, ponte las pilas, coge las excusas y tíralas a la basura, priorízate. La recompensa está a la vuelta de la esquina esperando a los que han cumplido con su parte. Grábate a fuego que el mejor día para empezar fue ayer, la vida te da una segunda oportunidad para que empieces hoy, no la desaproveches.

PARTE FINAL

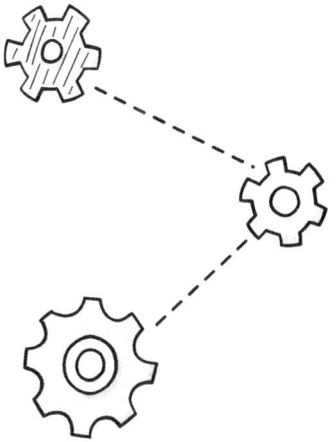

Engranaje de los tres bloques fit-nancieros

"Pregúntate si lo que estás haciendo hoy te
acerca al lugar en el que quieres estar mañana"

Walt Disney

S i has llegado hasta aquí ya tienes las ideas más claras para afrontar tu reto de mejoría Fit-Nanciera. Por la parte que a mí respecta espero haberte enseñado algo, por lo menos a tener otro punto de vista acerca de cómo conseguir aquello que te propones y que nunca has conseguido alcanzar, ya sea por miedo, pereza, inseguridad o simplemente porque no sabías cómo empezar.

Has conocido la importancia del <u>ahorro personal</u>, lo cual es importante para que ante cualquier imprevisto en la vida estemos preparados y no tengamos la necesidad de endeudarnos ante una emergencia, con el coste que esto supone y que te mermará la capacidad de ahorro. También has visto que puedes sacarle el máximo partido a lo que ganas con la técnica del 50-30-20: el 50% de lo que ganas irá destinado a tus gastos fijos e indispensables; el 30% irá a tus gastos de ocio, y el restante 20% irá a tu ahorro mensual que, afinando este último al máximo, podrás utilizar un 10% para tu colchón de seguridad y un 10% para invertirlo.

Existen numerosas técnicas de ahorro, pero la que te propongo aquí es la técnica de las 52 semanas. Este sistema es en gran medida para automatizar una cantidad que vamos a destinar a ahorrarla en efectivo, la cual nos permitirá guardar unos 1.300€ en un año. Consiste en dividir el año en 52 semanas e ir echando en una hucha la cantidad de euros que indique la semana en curso. Por ejemplo: en la primera semana pondremos 1€, la segunda semana 2€, la 52º semana 52€. Podremos hacerla de manera creciente o decreciente y así comenzar a cubrir nuestro colchón de seguridad que, recuerda, deberá cubrir los gastos fijos de 6-8 meses. Este será el primer paso para posteriormente pensar en invertir para tu futuro. Nunca pienses invertir por moda, es importantísimo tener un colchón de seguridad previo, ya que, el aprendizaje del recorrido para generar un buen colchón de seguridad es más importante y valioso que el dinero del propio colchón. Una vez lo hayas conseguido y lo tengas en una herramienta financiera que te permita acceder a él sin ningún problema podrás plantearte invertir, lo cual será el segundo paso.

La inversión no es un juego, aunque tampoco es un drama. Simplemente infórmate, asesórate con expertos, fórmate en YouTube, utiliza Google, sigue páginas de inversión y finanzas en redes sociales y poco a poco irás cogiendo hilo de lo que realmente a ti te interese y no de lo que ves que otro esté haciendo. La inversión no es un mundo difícil, aunque sí desconocido por la gran mayoría que ve las finanzas e inversión como algo aburrido. Tienes que saber que es muy importante tener el dinero trabajando y generando rentabilidad, ya que es la única manera de vencer la inflación que se encuentra en máximos históricos. La inflación es un agente corrosivo, va comiendo valor al dinero que tienes depositado en casa o en el banco. Simplemente piensa que con 100€ en 2004 comprabas medio supermercado y hoy en día con 100€ apenas llenas 2 bolsas. Imagina entonces lo que podrás comprar con 100€ en 2035.

Te recomiendo que te informes sobre la inversión en bienes raíces, fondos indexados, empresas de crowdfunding, metales preciosos, arte, etc.

En este bloque os mencionaré a quienes han marcado un antes y un después en mis finanzas personales como son los hermanos Gracia: Diego Gracia y Richard Gracia, autores del best-seller *El método Rico*. Ellos podrán enseñarte y guiarte en todo lo que necesites para crecer financieramente partiendo desde 0. Les estaré eternamente agradecido y los recomiendo a todas las personas que quieran un impulso en sus finanzas personales. Ellos te ayudarán a alcanzar un nivel estratosférico de tu estado Fit-Nanciero.

Es muy importante la formación en este ámbito, ya que es primordial que inviertas en aquello que conoces. Nunca inviertas en aquello sobre lo que no tienes control o no conozcas su origen ni su trayectoria. Aléjate de los "vendehumo" y aquellos que aseguran que te harás rico en meses, ya que, esto no existe y puede llegar a ser traumático. Busca algo que se adapte a ti, a tu aversión al riesgo, el cual debes conocer antes de invertir. Necesitas conocerte y saber qué perfil eres: conservador, moderado o agresivo. Así como saber cuánto y cuándo invertir, ya que, se dice que la inversión la tienes controlada cuando puedas dormir por las noches sin pensar continuamente en ello. Simplemente destina un dinero para inversión y emplealo para ello, una vez hayas cumplido con tu colchón financiero de seguridad.

Intenta sacarle el máximo partido a tu trabajo, a lo que ganas tanto económica como profesionalmente para crecer en todos los aspectos posibles. Aprovecha esa "oportunidad" que te brinda un trabajo donde no existe un riesgo elevado, ya que como trabajador no expones tanto que como empresario. Trabajando, básicamente estás intercambiando tiempo por dinero, por un salario, por lo que tienes que intentar no desperdiciarlo, ya que, es cierto el dicho de que "el tiempo es oro". Es decir, es para aprovecharlo en aquello que te proporcione un valor añadido, sea cual sea. No adelantas ni sumas nada a tu currículo personal adoptando una actitud negativa hacia tu trabajo, tus jefes, tus compañeros. Piensa que estás ahí porque tú quieres, nadie te obligó a estar en ese trabajo o en ese ambiente.

Para sacarte el máximo partido a ti mismo utiliza tus virtudes como fuente de <u>ingreso extra</u> aparte de tu salario, lo que se conoce como "side hustle" para generar valor a tu cartera Fit-Nanciera. Sácale partido a esa afición antigua, ese hobbie que te gustaría profesionalizar y compatibilizar con tu trabajo actual. Esto te ayudará a evadirte del trabajo y si consigues sacarle un rendimiento, mucho mejor. Piensa que a veces el problema no está en que ganamos poco dinero, sino en cómo lo gestionamos y sobre todo no depender tan solo de una fuente de ingresos, ya que, esto condiciona tu libertad financiera. Salir de la carrera de la rata: trabajo, gano mi sueldo, gasto lo que gano, trabajo, gano mi sueldo, gasto lo que gano.... y así sucesivamente, ya que es "peligroso" y no te das cuenta de la burbuja que te envuelve y te hace sentir protegido por el hecho de tener un trabajo que crees que durará toda la vida.

Si no encuentras esa segunda vía de ingresos o la forma de materializar tus aficiones, no te preocupes; engánchate a la lectura y descubrirás un mundo nuevo. Utiliza lecturas sobre cómo sacarle partido a tu potencial. Un autor muy recomendable para esto es Raimon Sansó, ya que, hace que tú mismo veas en qué eres extraordinariamente bueno. Otro autor excelente para sacar lo mejor de cada uno es Tony Robbins, aunque podrás sacarle más partido a sus ideas si ves un video sobre alguno de sus seminarios, ya que, es una persona que transmite mucha energía y serenidad. Si te gusta la lectura aprovéchala para relajarte, busca un hueco en tu día para leer. No necesariamente debes hacerlo durante horas, con media hora diaria será suficiente. Media hora al día equivalen a casi 183 horas al año, lo cual se traduce en la lectura de más de 7 libros de más de 100 páginas al año, sin ningún esfuerzo. Si no te apasiona la lectura (aparte de este maravilloso libro que tienes entre las manos) siempre puedes recurrir a escuchar podcasts. Esta es una muy buena manera de aprender mientras haces otra actividad: camino al trabajo, mientras das tu paseo diario, mientras sacas a tu mascota, mientras cocinas, etc. En este apartado te recomiendo que escuches a Tony Robbins, "Mentor 360", "Libro para emprendedores", etc. Cualquiera de ellos hará que saques lo mejor de ti, sin que te des cuenta y puedas conectar con aquello que eres realmente bueno y no sabias.

Si te has dado cuenta de que puedes ganarte la vida con tu propio negocio, primero debes estudiar esta posibilidad, compagínalo de forma paralela a tu trabajo. Para ello necesitarás plasmar tu idea y diseccionarla con la metodología que hemos visto, es decir la metodología SMART. Los anteriores podcasts que te he mencionado te ayudarán a centrar el foco en lo que quieres, también en este ámbito.

En lo que respecta al estado físico, solo podrás alcanzar la cumbre Fit-Nanciera si pones de tu parte. Si quieres lograr tus objetivos, utiliza tu motivación para empezar y ve creando pequeñas metas que puedas alcanzar para darte esa motivación extra y, a medida que avances, verás que la intensidad y la dificultad de las metas se incrementarán. No abandones porque sientas que no estás avanzando, es pronto para saber eso. Recuerda que esto es una carrera de fondo, aquí gana el último que llegue a la meta. Te aliento a que pruebes por retarte durante 60 días, en donde cada día hagas un mínimo de 30 minutos de ejercicio de lunes a sábado, comiendo de manera saludable (eligiendo un día de comida "prohibida") bebiendo 2 litros de agua al día. Si logras esto sin fallar, habrás logrado una muy buena base para poder continuar. Habrás preparado tu físico y sobre todo tu mente porque el principio es lo que más cuesta. No renuncies a entrenar los sábados, búscate una horita para andar, correr, jugar un partido con amigos, hacer musculación, lo que sea. A mí, personalmente, me gusta hacer ejercicio los sábados a primera hora de la mañana en ayunas para, así, tener todo el día libre por delante para descansar o hacer lo que quiera. También es importante el descanso y para ello destinaremos un día a la semana, como por ejemplo el domingo, en mi caso, o cualquier otro día.

Ejercitar la mente y el cuerpo es importante, ya que creo y afirmo que son compatibles, es decir, que se pueden entrenar de manera conjunta siempre que formen parte de tu día a día independientemente de la edad que tengas.

Espero que hayas aprendido que se puede conjugar todo para que la vida tenga el sentido que tú quieras. Por esta razón, para mí, es importante trabajar el ejercicio físico que nos dará energía para afrontar de manera positiva y serena, cualquier acontecimiento de tu rutina diaria. Con positividad para así enfocarte en ser excelente en tu trabajo y mostrar el máximo rendimiento, ya que pasas mucho tiempo en él, y para la gran mayoría de personas es su única fuente de ingresos. Por eso desarrolla al máximo tu potencial para darte cuenta en qué eres especialmente bueno y por qué no utilizarlo para, de manera externa, sacarle un rendimiento económico que apoye tu economía y tu desarrollo personal. Tu mejor versión Fit-Nanciera depende única y exclusivamente de ti. Únete a una moda que, a diferencia de otras, no es pasajera, es la única moda que no pasa de moda y que, una vez que generes la suficiente adherencia, se quedará en ti para siempre. De ti depende, ¿te unes?

DIARIO PERSONAL
FIT-NANCIERO

A modo de reflejar mi día a día al máximo, y que pueda servirte como un guion, he querido dejarte un resumen de mi vida diaria en general. Puedes adaptarlo a tus horarios y tus preferencias.

A continuación, te dejo 3 tablas:

- Organización semanal por días.
- Tabla de entrenamiento semanal.
- Tabla para 7 días de comida saludable.

Esquema organización semanal Óscar:

HORA	L	M	X	J	V
6:00 - 7:00	Caminada matinal + Ejercicio	Caminada matinal + Ejercicio	Caminada matinal + Ejercicio	Caminada matinal + Ejercicio	Caminada matinal + Ejercicio
8:00	Desayuno + relajación	Desayuno + relajación	Desayuno + relajación	Desayuno + relajación	Desayuno + relajación
9:00 - 14:00	TRABAJO				
15:00 - 16:00	Lectura	Lectura	Descanso	Lectura	Descanso
17:00 - 19:00	TRABAJO				
20:00 - 22:00	Escribir. Leer. Dormir	Escribir. Leer. Dormir	Estudio flamenco. Leer. Dormir	Estudio flamenco. Leer. Dormir	Estudio flamenco. Leer. Dormir

HORA	S	D
6:00-7:00		Día destinado a la revisión y programación financiera.
8:00-10:00	Ejercicio físico matinal	
11:00-23:00	Entrenamiento específico. Ensayos de flamenco. Actuaciones. Viajes. Familia. Ocio.	Revisión de gastos e ingresos, elaboración de presupuesto semanal, consulta de ingresos, preparación concursos flamencos y agenda de actuaciones. Descanso activo, familia.

Como se puede observar, entre semana no llevo un estilo de vida desenfrenado, sino más bien es todo muy rutinario. Tengo el tiempo perfectamente estructurado para invertirlo en mí esas horas en las que no estoy trabajando. Es por este motivo por el que pienso que es tan influyente el trabajo en el día a día de una persona. Pasamos más de 40 horas semanales involucrados en él, con la cantidad correspondiente de horas que supone al mes. Destinamos a ello mucho tiempo de nuestra vida, por lo que el tiempo que no estamos dentro del trabajo deberíamos invertirlo en nosotros mismos.

El fin de semana sí intento aprovecharlo al máximo, concentrado en la mejora de mi sistema Fit-Nanciero. Invierto tiempo en desconectarme y hacer lo que me gusta. El sábado intento hacer ejercicio a primera hora de la mañana para tener todo el día libre por delante y afrontarlo con energía: actuaciones, viajes a Portugal, ensayos, ocio, etc. Y por último, el domingo es el día que destino mayor tiempo a las finanzas personales: elaboración de presupuestos semanales, control de gastos, análisis de ingresos, planificación de actuaciones, desarrollo de ideas de negocio, revisión de inversiones, etc.

El tiempo libre del fin de semana es óptimo para organizar la semana siguiente en todos los niveles Fit-Nancieros, ya que puedes programar un menú de comidas para toda la semana siguiente (ahorrando tiempo), puedes preparar un sistema de entrenamiento semanal de lunes a sábado para evitar la procrastinación de pensarlo el día antes, puedes preparar un presupuesto para ver qué gastos se aproximan y qué ingresos tienes previstos, etc.

El fin de semana no debería ser de descanso total en el sentido más extenso de la expresión. Debería ser para desconectar y descansar, pero de manera activa. Está comprobado que permanecer siempre activo, o durante un largo tiempo, hace que el cuerpo esté siempre preparado y no entre en modo suspensión. Que no te entre la perrería, para ser más claros.

Entrenamiento semanal Óscar:

DÍA 1	DÍA 2	DÍA 3	DÍA 4
Entrenamiento HIIT YouTube 30-40'	Entrenamiento HIIT YouTube 30-40'	Entrenamiento TABATA YouTube 25-30'	Entrenamiento TABATA YouTube 25-30'

DÍA 5	DÍA 6	DÍA 7
Entrenamiento HII YouTube 30-40'	Entrenamiento HIIT YouTube 30-40'	Descanso activo

En cuanto a la rutina de ejercicio físico siempre he apostado por entrenamientos que mejoren mis capacidades físicas, así como mi resistencia. Este tipo de entrenamiento supone como máximo 40 minutos de mi día y en la mayoría de las ocasiones no llega a ese tiempo. Con este sistema entrenamos todo el cuerpo y no necesitaremos 2 horas de gimnasio para bajar de peso. Sí es cierto que es un entrenamiento de alta intensidad que requiere una preparación previa y que siempre recomiendo poner en conocimiento a tu médico para poderlo realizar, ya que elevará las pulsaciones de tu ritmo cardíaco. Normalmente busco en YouTube algún video y lo sigo entrenando en casa. Para finalizar la semana, el sexto día suelo hacer una caminata a buen ritmo de un par de horas o bien una carrera continua de entre 30-40 minutos. Me ayuda a liberar toxinas y a desestresarme del trabajo.

Siempre suelo entrenar a la misma hora, normalmente sobre las 8 de la tarde. Aunque también tengo temporadas de entrenar a las 6 de la mañana, sobre todo en verano. Digamos que las voy alternando para no habituarme a siempre lo mismo intentando salir de la zona de confort.

También es recomendable alternar con ejercicios de fuerza con pesas, ya que, basar todo tu entrenamiento con estos ejercicios conocidos como HIIT durante largos periodos de tiempo, hará que nuestro peso baje considerablemente. Para no estancarnos puedes alternar entre semana haciendo un par de días de ejercicios HIIT y el resto ejercicios con pesas. Por ejemplo: lunes, miércoles y viernes puedes escogerlos para hacer ejercicios de fuerza (pesas) y martes, jueves y sábado lo destinas a ejercicios más aeróbicos de resistencia.

Recomiendo siempre acudir a un entrenador personal como siempre he hecho, ya que cada persona es un mundo y no todos los físicos aguantan las mismas rutinas. Así mismo, no todos tienen los mismos objetivos. El mío siempre fue perder peso y mantenerme en forma priorizando el ejercicio donde predomine la resistencia física. Aun así, dependiendo de tu edad tendrás que ajustar tu entrenamiento según tus necesidades y capacidades, lo importante es hacerlo y combinarlo con una buena alimentación.

La dieta que muestro a continuación es un ejemplo de ello: Pérdida de peso enfocada en el consumo prioritario de proteína.

Es una dieta que he interiorizado como habitual en mi día a día y prácticamente, salvo excepciones, es la que llevo a cabo. No todas las dietas son válidas para todo el mundo. Cada uno tiene sus propios objetivos e intereses, por lo que te recomiendo que busques la que más se adapte a tu estilo de vida.

A continuación, te dejo un ejemplo de mi dieta semanal:

Planning 7 días de comida saludable:

	DÍA 1	DÍA 2	DÍA 3
DESAYUNO	Panquecas proteicas* + kiwi + Café sin azúcar	2 rebanadas pan con ajo, AOVE y jamón + Café sin azúcar	Yogurt proteico con avena, kiwi, anacardos + café sin azúcar
MEDIA MAÑANA	Pieza fruta + batido proteínas	Pieza fruta + batido proteínas	Pieza fruta + batido proteínas
ALMUERZO	Ensalada garbanzos con atún*	Salmón plancha + patata cocida	Pechuga pollo + ensalada generosa
MEDIA TARDE	Mix frutos secos naturales	Plátano + 2 tortitas arroz	Mix cereales + mandarina
CENA	Tortillas claras + tomate natural.	Tortilla clara con atún + tomate natural	Crema calabaza + rebanada pan tostado con pavo 90%

	DÍA 4	DÍA 5	DÍA 6	DÍA 7
DESAYUNO	Panquecas proteicas* con crema de cacahuete +Café s/ azúcar	2 rebanadas pan con ajo, AOVE y pavo 90% + Café s/ azúcar	Yogurt proteico c/ avena, kiwi, anacardos + Café s/ azúcar	Panquecas proteicas* c/ kiwi + griego natural + Café s/ azúcar
MEDIA MAÑANA	Pieza fruta + batido proteínas	Pieza fruta + batido proteínas	Pieza fruta + batido proteínas	Pieza fruta + batido proteínas
ALMUERZO	Filetes atún con patata al horno	Pechuga pollo c/ arroz y salteado verduras	Lentejas	Paquete tortitas arroz
MEDIA TARDE	Yogurt griego natural con anacardos	Mix frutos secos naturales	Plátano + gelatina	Descanso
CENA	Rodaja tomate + ventresca + queso fresco + rodaja pan	Tortilla de claras + jamón + tomate	Rebanada pan + tomate AOVE y jamón serrano	Revuelto de espinacas con pavo 90% y huevo

Panquecas proteicas: En el vaso de la batidora de mano vertemos 150gr. de copos de avena, 1 plátano maduro, 500ml de leche (leche alta en proteína) y una cucharada sopera de proteína en polvo aislada de suero o bien 4 claras de huevo. Lo batimos todo hasta que quede una pasta, le añadimos canela al fallo y volvemos a batir. Yo le suelo añadir ahora semillas de chía y lo vuelvo a remover con una cuchara todo. Tienes que intentar que la pasta no quede muy liquida, de lo contrario, será complicado manipularlo en la sartén. Dejamos reposar mientras colocamos una sartén a fuego medio con una gota de AOVE o aceite de coco simplemente para lubricar el antiadherente. Cuando veamos la sartén caliente vamos vertiendo la pasta conforme mejor nos cuadren los tamaños. Yo suelo hacer bastantes que me duran toda la semana. Las guardo en el frigorífico y voy sacando para el desayuno.

<u>Ensalada de garbanzos:</u> Un bote pequeño de garbanzos, una lata de atún, un tomate y un huevo cocido. Corta a cuadritos el tomate y el huevo y mezcla junto con los garbanzos todo en un bowl. Usa una vinagreta para aderezarlo hecha de AOVE, limón, sal, orégano y albahaca. Remueve y listo.

AGRADECIMIENTOS

Desde el momento que pensé que mis conocimientos, así como mi manera de entender la vida, podrían servir de ejemplo para otras personas, no dudé un segundo y me puse manos a la obra a preparar el libro. A la vieja usanza, lo escribí a mano y siempre con la idea en la cabeza de querer ayudar, a quienes lo leyeran, a entender la vida de otra manera. Pensarla desde la lucha, el esfuerzo, perseguir los sueños y jamás rendirse para obtener los mejores resultados. Mis sinceros agradecimientos por leerme. Si, a ti, gracias.

Mil gracias a mis lectores de la versión 1.0 del libro. Sin vuestro feed-back, la ilusión de verlo acabado y publicado no hubiera sido posible. Vosotros sabéis quienes sois y parte de este libro os pertenece.

Al acompañamiento incondicional e inseparable de mi compañera de vida, Jessica, quien ha tenido que soportar mi estrés por terminar el libro día tras día, de la mejor manera posible. Ella es quien ha soportado mis más de mil dudas, mis cambios de humor, mis chapas interminables, etc. Gracias por todo el apoyo. Te quiero.

A mi madre, la que nunca falla, la que siempre está ahí. El año pasado, ambos, vivimos una experiencia de las que no se olvidan. En octubre de 2022 fui operado por rotura del radio distal y desplazamiento del cúbito a causa de un accidente de moto. Fueron meses difíciles y siempre me demostró estar ahí, recordándome que la vida te pone a prueba y está en uno mismo el echarle valor para afrontar lo que venga. A ti y a papá os quiero mucho. Gracias por haberme enseñado los valores que han forjado mi personalidad.

Espero que más que haberte gustado, hayas aprendido algo y sobre todo que lo pongas en práctica. Recuerda que el salto del sofá lo tienes que dar tú, ¡ve a por todas! De la misma manera en que tú me has leído, también me gustaría saber de ti. Me encantaría saber qué piensas acerca del libro en los comentarios de Amazon, y así ayudarme a propagar el concepto Fit-Nanciero por todo el mundo.

Escaneame

www.ingramcontent.com/pod-product-compliance
Lightning Source LLC
Chambersburg PA
CBHW070919220526
45467CB00004B/1472